Research on
the Standardization Capabilities of
the Core Enterprises of
the Technical Standards Alliance

标准化与治理丛书　　总主编　侯俊军

# 技术标准联盟核心企业标准化能力研究

韦小彦　著

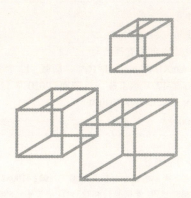

湖南大学出版社·长沙

# 内 容 简 介

从技术标准化过程出发，以技术标准联盟核心企业标准化能力为主要研究对象，综合运用文献分析、理论推演与数理模型分析等方法，在生态位、网络外部性、资源基础与动态能力等相关理论的基础上系统构建了技术标准化过程标准联盟核心企业标准化能力构成与作用的理论框架，描述了技术标准化的发展过程，分析了标准化能力的构成，讨论了标准化能力的作用，并通过案例研究对构建的理论框架进行了验证。

**图书在版编目（CIP）数据**

技术标准联盟核心企业标准化能力研究：标准化与治理/韦小彦著. —长沙：湖南大学出版社，2020.12
（标准化与治理丛书/侯俊军主编）
ISBN 978-7-5667-2039-9

Ⅰ.①技…　Ⅱ.①韦…　Ⅲ.①企业管理—标准化管理—研究　Ⅳ.①F272

中国版本图书馆 CIP 数据核字（2020）第 178969 号

## 技术标准联盟核心企业标准化能力研究
JISHU BIAOZHUN LIANMENG HEXIN QIYE BIAOZHUNHUA NENGLI YANJIU

著　　者：韦小彦
责任编辑：严小涛
印　　装：长沙鸿和印务有限公司
开　　本：710 mm×1000 mm　1/16　印张：12.75　字数：215 千
版　　次：2020 年 12 月第 1 版　印次：2020 年 12 月第 1 次印刷
书　　号：ISBN 978-7-5667-2039-9
定　　价：60.00 元

出 版 人：李文邦
出版发行：湖南大学出版社
社　　址：湖南·长沙·岳麓山　　　邮　编：410082
电　　话：0731-88822559(营销部),88823547(编辑室),88821006(出版部)
传　　真：0731-88822264(总编室)
网　　址：http://www.hnupress.com
电子邮箱：781089448@qq.com

# 序

党的十八大以来，习近平总书记不断强调，要坚定不移深化改革开放，大力推进国家治理体系和治理能力现代化建设。作为国家治理一个重要的手段和工具，标准以及标准化在经济社会发展和国家治理中不可替代的作用也越来越被社会各界广泛认识。在 2016 年 9 月 12 日召开的第 39 届国际标准化组织（ISO）大会和 2019 年 10 月 14 日召开的第 83 届国际电工委员会大会上，习近平主席都发出贺信，指出"伴随着经济全球化深入发展，标准化在便利经贸往来、支撑产业发展、促进科技进步、规范社会治理中的作用日益凸显"，"中国将继续积极支持和参与国际标准化活动，愿同各国一道，不断完善国际标准体系和治理结构，更好发挥标准在国际贸易和全球治理中的作用"。

标准化的作用，以及人们对其的认识，是随着社会的发展而不断深化的。从远古时代人类标准化思想的萌芽，到建立在手工生产基础上的古代标准化和以机器大工业为基础的近代标准化，再到以系统理论为指导的现代标准化，逐步清晰地呈现出建立最佳秩序、规范市场运转、推进社会发展的重要作用。更重要的是，人们也更加积极主动地制定标准、运用标准和推广标准，在一个国家内部和世界范围内，设立各种专门机构来有组织、有计划地开展标准化实践工作。在这同时，标准化理论体系也得到了迅速的发展。从标准化的形式与原理，到标准化与管理、经济、技术、生产和市场等的融合，乃至标准化学科建设的讨论，专家学者们都进行了非常深入、广泛的研究与讨论，并产生了极为丰富的成果。

然而，因数据整理、研究工具和思想认识等方面的约束，标准化理论的发展还满足不了标准化实践发展的需要，在标准化与治理领域尤其如此。标准化是否能够承担起国家治理和社会治理的功能？标准化在国家治理和社会治理中的具体运行机制是怎样的？标准化与其他的治理工具和手段之间又是一种怎样的关系？标准化在全球治理中能够扮演怎样的角色？诸多问题，既有抽象的理论问题，也有具体的操作问题，都有待深入研究。

　　基于在"标准化与治理"领域多年的研究和实践积累，在国家社会科学基金重大项目"中国标准治理与全球贸易规则重构研究"（17ZDA099）等科研项目和"标准化与治理"国际学术研讨会等学术平台的支持下，我们组织相关专家学者从各个角度来展开研究，并以丛书形式出版。我们不能奢望这套丛书为"标准化与治理"构建起完善的知识体系和理论体系，但我们必将此作为奋斗的目标和梦想，并努力朝着这个目标和梦想前进！

侯俊军

# 前　言

随着全球技术与经济的快速发展，在高技术产业中，技术标准凭借网络外部性、锁定效应及规模经济性等特征，成为国家、产业与企业获取竞争优势与超额利润的重要战略工具。以核心企业为主导的技术标准联盟作为推动这一战略实施的重要组织形式，正在全球范围内不断壮大。我国由于自主制定技术标准起步较晚，面临着内部自主创新相对不足与外部竞争压力巨大等挑战。长期以来，国内外众多学者围绕技术标准联盟如何推进技术标准化进行了大量研究，但关于标准联盟核心企业标准化能力及其对技术标准化的作用研究相对较少。因此，研究技术标准化过程中标准联盟核心企业的技术标准化能力及其作用，对推动我国自主标准制定、提升技术标准国际市场竞争力，具有重要意义。

本书从技术标准化过程出发，以技术标准联盟核心企业标准化能力为主要研究对象，综合运用文献分析、理论推演与数理模型分析等方法，在生态位、网络外部性、资源基础与动态能力等相关理论的基础上，系统构建了技术标准化过程标准联盟核心企业标准化能力构成与作用的理论框架，描述了技术标准化的发展过程，分析了标准化能力的构成，讨论了标准化能力的作用，并通过案例研究对构建的理论框架进行了验证。本书主要内容如下：

（1）描述了技术标准化过程阶段特征与资源需求。从技术与市场两个层面分析了核心企业推进技术标准化的动因；接着，在生命周期理论基础上，对技术标准化阶段进行具体划分，并从标准技术完善与市场扩散两个角度，详细描述了标准化在不同阶段的特征与对资源的需求；同时指出为应对标准化中标准技术与市场的不确定，满足标准化发展对资源的需求，联盟核心企业应具备一定的技术标准化能力。

（2）分析了联盟核心企业标准化能力的构成。在对标准化能力形成的动因与基础研究的基础上，利用三螺旋模型分析框架，结合技术标准化阶段的特征与资源需求，提出标准联盟核心企业技术标准化能力由研发能力、管理能力与关系能力子能力构成，且这三个子能力相互联系，并随着标准化发展不断提升。

（3）讨论了核心企业标准化能力在标准化中的具体作用，主要是在分析技术标准化阶段特征与资源需求的基础上，力图将抽象的、不可描述的标准化能力对应转化为相对具体的、可操作的核心企业行为。首先，从标准化中技术发展的角度，以过程管理理论为基础，通过利用专利信息分析方法、构建研发模式、选择模型等途径，对标准技术研发能力与标准产品研发能力等研发能力的构成要素在标准技术研发与扩散方面发挥的具体作用进行研究。其次，从标准技术知识流动的角度，以资源供给—需求相匹配为目的，利用构建的知识管理系统模型、实物期权定价模型等对企业内部管理能力与标准联盟管理能力等核心企业管理能力进行探究。最后，以核心企业关系网络演化过程为基础，以"建立—发展—运用"这一关系能力管理过程为研究框架，同时运用演化博弈模型，对核心企业关系能力的作用过程进行分析。

（4）以推动我国自主制定技术标准成为国际标准的闪联联盟核心企业为研究对象，进行案例研究。在完成闪联标准化具体阶段的划分后，运用社会网络分析方法，采用 UCINET 6.0 软件对收集的闪联标准化中联盟成员合作数据进行计算，以识别闪联标准化不同阶段中闪联联盟核心企业；结合闪联标准化发展，分别对联想、海信、TCL 与中国电信等闪联联盟核心企业的研发能力、管理能力与关系能力标准化能力的子能力进行深入分析，探究闪联标准成功的经验。该案例论证了技术标准化能力构成理论框架的有效性与合理性。

本书研究结果表明，为应对技术标准化中技术、市场与资源等方面存在的问题，标准联盟核心企业形成了由研发、管理与关系能力子能力构成的标准化能力，且随着技术标准化阶段的发展与资源需求变化，标准联盟核心企业标准化能力也随之发生动态改变。这一研究结论从技术标准化发展的动态视角，丰富了标准化能力研究的内涵，推动了对技术标准化中联盟核心企业能力的研究；且有利于联盟核心企业依据技术标准化发展的需求，选择合适联盟成员，整合不同成员的优势资源，增强标准联盟对标准化的作用；同时有助于核心企业合理提供与配置标准化能力，使其所提供的能力与标准化发展所需实现动态匹配，发挥标准化能力的最大效用，避免能力滥用；最后，为标准联盟核心企业培育、提升与有效运用标准化能力，促进我国自主技术标准的制定提供了理论依据与实践指导。

# 目　次

# 插图索引

# 附表索引

# 第1章 | 绪 论

## 1.1 选题背景与研究意义

### 1.1.1 选题背景与问题提出

近年来，随着全球技术与经济的快速发展，技术创新对国家经济增长、产业升级与企业发展所产生的影响正呈现不断扩大的趋势。2016 年刊发的《"十三五"国家科技创新规划》中指出，国家科技进步贡献率从 2010 年的 50.9%增长到了 2015 年的 55.3%。为此，中国提出了一系列政策鼓励社会积极开展技术创新，并在中共中央、国务院印发的《国家创新驱动发展战略纲要》中提出，到 2020 年中国要步入创新型国家行列。在技术创新过程中，技术标准作为一项特殊的政策与市场工具，正发挥着日益重要的作用。与大多数传统产业中仅作为技术规范或技术间连接或比较工具的技术标准不同，在高技术产业中，技术标准以其具有的网络外部性、锁定效应以及规模经济性等特征，成为国家与企业竞争的制高点，更成为其获取市场竞争优势与高额收益的重要战略工具。简而言之，谁掌握了标准，谁就掌握了市场的主动权。因此，推动技术成功实现标准化成为国家与企业实施标准化战略的主要模式，越来越多的国家与企业加入到了技术标准化中。

在国家层面上，中华人民共和国国务院于 2006 年发布的《国家中长期科学和技术发展规划纲要（2006—2020 年）》中明确指出，我国要"实施知识产权战略和技术标准化战略"。在企业层面上，华为制定了其专利联动战略，坚持每年不少于销售收入的 10%投入研发，并将这 10%的研发投入用在预研、专利与标准方面。[1]技术实现标准化并不仅仅只是技术方面的创新，国际上数字多功能光盘（简称 DVD）3C/6C、动态图像专家组（简称 MPEG）等技术标准化成功的事实表明，技术标准化实现与市场密切相关，技术标准必须要经过市场选择，经过市场检验，获得市场接受，使标准用户达到一定的数量，成为事实标准时，才会产生"花车"效应，形成标准制定者"赢者通吃"的竞争优势。[2]

尽管"技术专利化，专利标准化"已成为发达国家战略的重要构成部分，但对于中国而言，技术标准化战略还处于刚起步的阶段，面临的挑战也相当严峻。首先，中国技术研发能力不足，在全球技术竞争中处于相对劣势的地位；其次，由于中国开展技术创新相对较晚，发达国家在相关领域已拥有了核心专利与必要专利，给中国进行技术创新设置了一道难以逾越的壁垒；最后，中国很多产业大多处于全球产业链的末端，产业内很多企业进行技术创新的动力较小。但在技术创新日益加快，充满机遇的今天，中国也可凭借技术的跨越式发展，赶超发达国家。在这一过程中，技术标准化能力作为国家、企业在技术领域中最为重要的核心竞争能力，[3]如何培育与提升标准化能力，对中国开展技术创新，实施标准化战略具有重要影响。

企业作为市场活动的主体，是技术标准化活动的主要参与者。在技术标准化中，由于标准技术体系的复杂性与市场的不确定性，使得单个企业难以仅依靠自身资源实现技术标准化，组建或加入技术标准联盟就成为推动标准化实现的有效途径。技术标准联盟的形成为技术标准的研究和发展提供了规模化条件与协作机制的基础。如凭借组建的各类标准联盟，第二代全球移动通信系统标准（GSM）、动态图像专家组系列标准（MPEG）与数字音视频编解码技术标准（AVS）等技术标准化得以成功实现。

技术标准联盟对技术标准化实现具有重要的推动作用，一个高效运行的标准联盟，往往由掌握不同资源的企业联合构成，依据标准化发展需求，不同企业以模块化的方式开展协同合作，通过信息与资源的流动，共同完成技术标准化实现涉及的各项活动。按照所掌握资源与在技术标准化中所发挥作用的重要程度，联盟内企业可分为核心企业与成员企业。[4-5]这其中，核心企业一方面掌握着标准化所需的关键性资源，承担着标准化发展的关键任务；另一方面凭借其资源优势占据着联盟核心位置，成为联盟内信息流动的枢纽，并在掌握相关信息的基础上，对联盟内成员企业的资源进行协调、配置，以进一步提升联盟资源的利用效率，加速标准化实现。因此，技术标准联盟核心企业是联盟运行与标准化实现的关键。通过对联盟核心企业标准化能力的研究，有助于标准联盟更好地开展标准化活动，从而进一步提升我国自主技术标准在高技术领域的竞争力。

### 1.1.2　研究意义

本研究主要对我国技术标准联盟核心企业所具备的技术标准化能力构成进行分析，同时对标准化能力在标准化中的具体作用进行研究，并在此基础上结合中国标准化战略发展的实际，对进一步提升核心企业标准化能力提出相应的对策与建议。因此，本研究具有一定的理论指导意义，也具有较强的实际意义。

#### 1.1.2.1　理论指导意义

随着全球技术标准化活动的日益频繁，国内外学者围绕技术标准化开展了大量研究，并取得了丰硕的成果。但在技术标准化发展过程框架内对标准联盟核心企业标准化能力研究尚未多见。

目前关于技术标准化能力的研究主要集中在以下四个方面：第一，从系统应用的角度，分析影响企业技术标准化能力的因素；第二，提出技术标准化能力的构成指标体系，主要从产业链与企业两个角度出发；第三，设计技术标准化能力的量化评价指标体系；第四，探究技术标准化能力与企业技术创新能力之间的关系。尽管学者们对技术标准化能力进行了一定程度的研究，但关于技术标准化能力的定义与特点，仍没有进行详细具体的描述，且这些研究大多局限于理论层面的研究，缺乏实际案例或充分的数据来佐证上述理论。

此外，关于技术标准化过程与联盟组织及企业作用的研究主要为：（1）技术标准化过程是一个进行技术研发与技术扩散的动态过程。尽管作为标准的两种主要形式，实际标准与法定标准的标准化过程有所不同，但其最终的目的都是为实现标准的大规模市场应用。在这一过程中，网络的结构与特征，技术标准的网络外部性、国家体制与政府相关政策、各标准利益相关者的活动等因素都会影响到技术标准化的进程与效果。（2）以技术标准作为合作纽带的技术标准联盟，不仅整合与优化了联盟企业的各项优势资源，同时也以灵活的组织形式有效应对了技术标准化过程面临的技术与市场风险。随着技术标准竞争的进一步加剧，标准联盟核心企业在标准化战略实施过程中的作用日益重要。现有文献主要从组织的角度出发，研究联盟这一整体组织对技术标准化实现的影响，缺乏对联盟内成员企业对标准化影响的研究，存在着一定的局限性。

因此，本研究拟从技术标准化发展的动态视角出发，在对技术标准化阶段进行分析的基础上，综合运用企业生态位、网络外部性、资源基础与动态能力等理论，对技术标准联盟核心企业标准化能力的形成机理、构成及具体作用进行研究，并收集数据资料对相关理论开展案例研究，以验证所构建的理论框架。对技术标准化过程标准联盟核心企业标准化能力的研究，进一步丰富了技术标准化研究的内涵，同时有助于拓展技术标准化实现过程联盟组织的研究视角，推动了技术标准化战略实施过程中联盟企业能力的研究；帮助联盟企业识别技术标准化动态发展所需的标准化能力，为技术标准联盟核心企业培育与提升标准化实现所需的标准化能力提供一定的理论基础与政策支持。

### 1.1.2.2 实际意义

GSM 标准、苹果 iOS 标准等成功大量事实表明，技术标准化在加速技术扩散，拉动经济增长方面具有显著作用，并逐渐成为技术标准战略的核心。随着各国标准竞争的日益加剧，明确的技术标准化能力将成为标准竞争获胜的关键。

在国家层面上，明确标准联盟核心企业标准化能力，有助于国家更好地实施标准化战略，提升国家技术标准在全球市场上的竞争力。虽然中国正加快制定技术标准，积极参加全球技术标准竞争，但仍存在一些现实问题。一方面，中国的技术标准研发体系相对较落后。近几年中国加大了对标准研发的投入，研究与开发（简称 R&D）经费从 2010 年的 7 062.6 亿增长到 2015 年的 1.4 万亿，总数几乎增长了一倍。标准研发数量也实现了大幅增长，仅在 2015 年，我国批准发布的国家标准数量为 1 931 项，同比增长了 26.2%，但相对于发达国家，中国自主完成的技术标准市场竞争力仍较弱。直到 2016 年 5 月，中国仅有 189 项标准成为国际标准化组织（ISO）的国际标准。另一方面，中国技术标准研发体系协调机制不完善。众所周知，一项技术标准的研发环节较多，通常需要整合技术、人力、政策等各项资源，不同资源之间通过相互融合，最终完成技术标准化。但中国技术标准在研发过程中，政府与企业往往处于分离状态，这导致的最终结果常常是政府主导的标准满足不了市场需求，或企业主导的标准推广难度较大。通过对标准联盟核心企业标准化能力的研究，对加强标准化中政企间的合作有着积极作用。

尽管标准联盟组织的出现，解决了技术标准化存在的诸多问题；但从目前来看，我国的标准联盟运行中仍存在着一些问题。首先，我国的标准联盟运行机制尚不成熟。技术标准联盟通常涉及产、学、研等各个领域的组织机构，而不同机构由于各自目标的不同或沟通的不畅，联盟各成员在技术标准化中不能有效地开展协同合作，进而影响技术标准化实现的速度与质量。其次，联盟成员收益分配问题较难解决。由于各成员企业所掌握的标准化实现所需的资源有所不同，各成员在标准化中所做出的贡献也各不相同。目前联盟内缺乏一套相应的标准收益分配准则，使各成员企业都能获得合理的收益，这影响着联盟成员企业开展标准化活动的积极性。最后，联盟成员"搭便车"的现象不可避免。技术标准化过程涉及大量的技术专利，专利往往具有明显的独有性与排他性，联盟组织形式在一定程度上削弱了专利的这些特性，导致联盟内一些成员不付出相应的成本也能共享他人技术专利所带来的收益。提升标准联盟核心企业标准化能力，对促进联盟的稳定高效运行、加速标准化具有积极的指导作用。

此外，对核心企业来说，通过对标准化发展不同阶段所需的标准化能力进行分析，一方面有助于联盟核心企业在把握技术标准化发展的阶段性规律的基础上，合理地提供与配置相对应的资源，使得标准联盟所提供资源与标准化发展所需资源实现动态匹配；另一方面，对联盟核心企业具备标准化能力的分析与评价，有助于联盟组织选择合适的成员企业，更好地发挥标准联盟在标准化中的作用。

综上，本研究对解决我国技术标准化过程中在国家、联盟和企业层面存在的问题，积极参与国际技术标准竞争具有积极的实践指导意义。

## 1.2 研究对象及相关概念界定

本研究视角为技术标准化发展过程，研究对象为技术标准联盟核心企业标准化能力，具体内容主要涉及标准化能力的构成及其作用。在进行上述研究之前，本章节主要对研究中所涉及的技术标准化、技术标准联盟、核心企业及标准化能力等相关概念进行界定，为后面研究的展开奠定一定的理论基础。

### 1.2.1 技术标准化

#### 1.2.1.1 技术标准定义与内涵

国际标准化组织/国际电工委员会（简称 ISO/IEC）在其 1991 年颁布的第 2

号指南中将技术标准定义为：一种或一系列具有强制性要求或指导性功能，内容包含了细节性技术要求和技术指导方案的文件。目的在于使相关产品或服务达到市场准入的门槛，利用设置的标准门槛，以规范市场结构与竞争秩序，使市场竞争进入有序的状态。[6]

在国家标准化管理委员会提出的 GB/T 15497—2003《企业标准体系　技术标准体系》中，企业技术标准指对标准化领域中需要协调统一的技术事项所制定的标准。其表现形式可以是纸张、计算机磁盘、其他电子媒体、照片或它们的组合，存在形式可以是标准、规范、守则、操作卡等。

学者们则从标准形成的动因、性质、作用等方面对技术标准进行了描述。葛亚力（2003）认为技术标准与产品标准不同，技术标准是对企业生产产品或提供服务所使用的技术方法、方案、路线，以达到一定性能指标产品的一种约束[7]。Lea 和 Hall（2004）在标准定义原则的基础上，提出技术标准是记录一种或多种用于解决与人员、目标与流程相对应问题的，并能够在任何技术领域重复使用的技术规范[8]。王黎萤与陈劲等（2005）指出技术标准是对技术活动中需要统一协调的事物制定的标准，是企业开展技术生产活动的重要依据，通常存在"法定技术标准"与"事实技术标准"两类。法定标准具有以下特征：（1）法定技术标准的方案技术上并不一定最优；（2）标准采用具有路径依赖特征；（3）由于用户转换成本的存在，标准具有锁定效应。而事实标准则是企业通过市场将标准化工作发展成为行业标准和国家标准[9]。Lichtenthaler（2012）则认为技术标准指一个满足特定要求的技术解决方案[10]，是企业进行技术创新，产品生产的基础[11-12]。

知识技术为第一生产力的今天，专利在技术标准化中发挥的作用日益重要[13]，毕克新等（2007）认为技术标准是技术性贸易壁垒的核心内容[14]，是企业获取经济利益的工具[15]。标准制定者一方面可通过标准许可的方式获取收益。因为一项技术标准通常规定了一个或一类技术要求，因而涉及多项专利[16]。技术标准作为专利集合而成的庞大复杂技术体系，在知识产权不无偿公开的基础上，其他企业新进入这个行业，须付出一定的成本接受和运用这项技术标准，标准持有者通过收取技术许可费的方式进行标准许可，进而实现技术的转移与扩散[17]，其作用过程如图 1.1 所示。另一方面利用技术标准具有的网络外部性，扩大标准市场用户基础规模，实现标准产品销量提高，收益增加[18-19]。

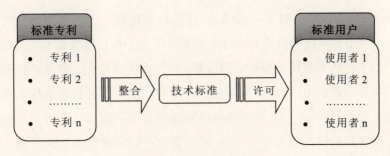

**图 1.1　技术标准许可机理**

综合上述关于技术标准的描述可知，技术标准的本质主要包含两层含义：（1）技术标准是一系列对产品或服务技术方面所达到的要求进行详细描述的文件，主要涉及提供产品或服务过程中对技术方面的要求；（2）技术标准对市场经济与秩序进行了规定，保证了所提供产品或服务的通用性，有效约束了市场参与者的行为。

### 1.2.1.2　技术标准化的定义与内涵

国际标准化组织 ISO 批准的标准术语中对标准化的定义为：为所有有关各方的利益，特别是为促进最大的全面性节约并适当考虑产品的使用条件与安全要求，在所有有关各方协调下进行有秩序的特定活动所制定并实施各项规则的过程。[20]同时标准化的主要目的有：[21]（1）全力节约在生产与贸易方面的人力、材料与动力等；（2）保护消费者在产品与服务方面的利益；（3）安全、健康以及保护生命；（4）提供有关各方之间的表示及传递的手段。

在中国标准化与信息分类编码研究所起草的《标准化和有关领域的通用术语第 1 部分基本术语（GB/T3935.1—1996）》中则将标准化定义：为在一定范围内获得最佳秩序，对实际或潜在的问题制定共同的和重复使用的规则的活动。这些活动的内容主要包括制定、发布与实施标准的过程，其意义在于改进产品、服务的适用性，促进技术合作，防止贸易壁垒。

时建中和陈鸣（2008）指出技术标准化即技术标准的形成过程，在这一过程中，不仅应体现标准所有者利益，同时也应充分考虑标准使用者利益。[22]对企业而言，通过参与标准化，不仅可以在竞争中占据竞争优势，[23-24]同时也能节省交易过程中的费用。[25]对标准使用者而言，产品或服务的标准化，减少了消费者市场选择的过程。

Techatassanasoontorn 和 Suo（2011）认为标准化是一个传播知识与技术的过程，[26]具体描述为从技术研发，到研发技术转化为专利，再集成专利为标准，进行标准产品生产与大规模市场推广的过程。[27-28]由定义可知，完整的技术标准化包含三项主要活动：（1）进行标准技术方面的研发，并将研发的技术申请为具备法律意义的专利；（2）将申请的标准专利整合为一项技术标准，并在此基础上进行标准产品的研发与生产；（3）将研发生产的标准产品推向市场，借助产品的扩散实现技术标准的市场扩散，进而利用技术标准具有的锁定效应，[29]提升其市场影响力与竞争力。

因此，技术标准化包含了两方面的内容：一方面，在分析技术标准规制作用的基础上，认为技术标准化是围绕制定规范市场活动，维持市场秩序的技术标准而开展的活动，目标主要是完成技术标准的制定；另一方面，从技术标准经济作用的角度出发，认为技术标准化是实现技术与知识的市场扩散，获取经济收益，提升竞争力与影响力的动态过程。

### 1.2.2　技术标准联盟

#### 1.2.2.1　技术标准联盟的定义及内涵

当技术标准制定由政府或标准化组织转向企业时，以企业为主组建的技术标准联盟作为技术标准制定的主要组织形式也随之出现。关于技术标准联盟的定义，目前学术界还没有形成统一。从技术标准联盟作用的角度，有学者提出了技术标准联盟不仅是推动技术标准制定的新兴组织，也是推动技术标准生命周期发展的一种重要手段。[30]严清清与胡建绩认为技术标准联盟是技术标准竞争的一种常用手段，组建目的在于实现技术标准化。[31]Keil 则认为当市场上的几个企业组成可以对标准制定产生重大影响的联盟时，这一联盟就是技术标准联盟。[4]从企业组建标准联盟的角度，代义华与张平指出技术标准联盟是企业推动技术标准确立，并获取标准价值的一种战略联盟，[32]而李大平与曾德明认为技术标准联盟实质上是联盟各企业，通过谈判而形成的一系列许可协议的集合体。[33]张琰飞与吴文华则认为技术标准联盟是一种基于技术与市场的战略联盟，其根本目的是实现技术标准确立，获取技术标准收益。[34]

因此，综合不同学者关于技术标准联盟的描述可知，技术标准联盟主要包含了两方面的内容：①技术标准联盟是影响技术标准制定与技术标准发展的重要组织形式；②企业组建技术标准联盟的主要动因在于推动技术标准化实现，进而获取标准带来的收益。

### 1.2.2.2　技术标准联盟的作用

从技术标准联盟的定义可知，联盟影响着技术标准的制定，但这一过程的作用机理如何，学者们从不同的角度进行了分析。

首先，标准联盟能节约企业间的交易成本。主要原因：一方面标准联盟的存在，使得企业间的交易行为由联盟外部转向了联盟内部，且企业间的交易行为转为了协调行为，降低了技术开发风险的同时，推进了技术创新；[35]另一方面，企业间通过资源的共享与联盟内达成的协议，降低了技术标准在生产、信息及协调方面的成本。[36]

其次，技术标准联盟有助于分散标准化风险。一是，因为技术标准化对企业资源与能力的需求很高，单个企业缺乏技术与资源的积累，导致技术标准化一旦失败，企业将面临巨大的损失。技术标准联盟在成员资源共享与标准化过程共同管理方面的优势，提高了成功技术标准制定的概率，降低了企业面临的风险。[37-38]二是，标准联盟的组织形式集成联盟成员的用户安装基础，[39]影响市场消费者的预期。[40]因为技术标准化实现的关键是拥有一定规模的用户基础，当集成联盟成员用户基础与消费者预期呈现良好发展趋势时，就为技术标准的市场应用奠定了坚实的基础。

最后，标准联盟有助于提升技术标准的竞争力。作为一种生产要素，技术标准之间的竞争主要表现为对标准用户的争夺。[41]而技术标准本身具有显著的网络效应，即某一技术标准搭载的软/硬件种类、数量越多，该技术标准的价值越高，[42]对应的标准用户数量就越多。技术标准联盟内部承担不同任务的主体，[43]为提升技术标准的网络外部效应提供了前提条件。

综上，技术标准联盟在推动技术标准制定方面具有的显著优势，使得其成为企业推动技术标准化实现的重要组织形式。

### 1.2.3　核心企业

#### 1.2.3.1　核心企业概念

与生态系统相似，技术标准联盟内也有各种不同形态与性质的组织，他们之间相互联系，相互合作与竞争，共同形成了一个共存共生的网络系统。[43]标准联盟网络中，各成员组织在网络中所处地位与所发挥作用的不同，促使核心企业的形成。

关于核心企业的界定，学者们基本上都从核心企业在网络中的作用与特征角度出发，对其进行定义。Krugman（1991）认为核心企业是指那些具备企业规模、市场地位、知识与企业家技能等要素，并对集群内其他成员企业产生正向效应的企业。[44]Lorenzoni 和 Baden-Fuller（1995）则认为核心企业作为"战略中心"，是能够提出可以共享的商业理念，领导网络成员发展，倡导企业成员间互利合作的文化，并且能够选择与吸引优秀的合作伙伴，在市场上占据一定领导企业的企业。[45]Newman（2001）对科研合作网络进行了分析，提出了网络中的核是那些知名度高且文章被引用频次高的学者。[46]Langen 和 Nijdam（2003）从外部性角度，认为集群内的核心企业是具有一定规模、知识和技能，并有能力实现投资的正外部性企业。[47]对此，Boari 提出了不同的看法，他认为用规模、时间来衡量核心企业是困难的，核心企业往往始于很小的企业，但其发展迅速，对集群的影响并不比公共部门弱，是创新的主力。[48]

国内方面对核心企业的定义，马士华（2000）在分析供应链网链的基础上，认为充当供应链信息交换中心、物流交换调度中心、对整个供应链运作中产生重要作用的企业称为核心企业。[49]李金玉和阮平南（2010）把核心企业定义为处于合作竞争关系战略网络的中心，能够提出共享的战略目标与商业模式，并且能够引领网络组织构建相互信任和展开相互合作的利益纽带的企业。[50]贾卫峰和党兴华（2010）对技术创新网络内知识流过程进行描述的前提下，认为网络内核心节点的控制，会影响到组织间的权利依赖关系。[51]肖玉明（2015）以企业投入到供应链的资源为研究对象，结合各资源的综合权重，进而识别供应链中的核心企业。[52]因此，核心企业是网络中处于关键位置，并影响整个网络运行的重要节点。

### 1.2.3.2 核心企业特征

关于核心企业的特征，学者们根据自己的研究目的从不同方面进行了分析，总结如下：

（1）核心企业位于网络中的关键位置，其角色与任务不可替代。在网络演化的过程中，核心企业与网络内其他成员企业有着直接的联系，[53]是网络中信息的集合点，[54]并作为网络内信息传播的中介，[55]通过调整其在网络内的结构，控制知识的传播范围与提升知识的传播效率。[56]除内部知识传递外，Schiavone（2008）认为核心企业还具备了一定的过滤功能，可将外部特定的知识传输进集群内部，并根据内部成员需求对知识进行加工细化。[57]作为网络信息流动的重要节点，核心企业往往依据掌握的相关信息，影响着网络内资源的流动、分配以及系统整体战略的实施，如图 1.2 所示。核心企业的存在，保证了网络内信息流通的顺畅，是网络平稳运行的坚实基础。

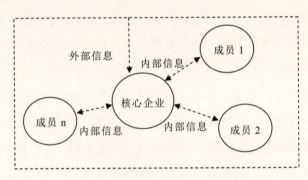

**图 1.2　网络核心企业的作用机理**

（2）核心企业具备极强的创新性，能引领整个网络向前发展。相对于一般企业，核心企业往往拥有很强的寻找与吸收外部知识的能力，[58]因此其也更容易进行创新。Vlachopoulou 和 Manthou（2003）认为核心企业在进行技术创新的同时，还能利用网络内知识的流动，对成员伙伴的研发生产进行协调，从而带动整个联盟向前发展。[59]Sendil 以意大利东北部的企业集群作为案例研究对象，得到了类似的结论，其研究结果证明核心企业除开发企业产品外，还对集群内外的关系进行了管理，推动了整个集群的发展。[60]Langen（2003）则认为集群能够发展的原因在于核心企业具有示范作用，能够与集群内成员共享资源，并为他们的发展提供营销方面的帮助。[61,同47]此外，因为核心企业与成员企业存在协同合作，为适应核心企业技术的发展，其他的成员企业也需不断进行技术创新，以适应核心企业的创新要求。因此，核心企业在一定程度上促进了创新网络的结构优化。

总结上述国内外学者关于核心企业的描述，可知核心企业通常处于网络中的关键位置，其所具备的特质影响着网络中成员间合作的开展与整个网络的发展方向，是研究网络问题中值得关注的重点。

### 1.2.4　技术标准化能力

#### 1.2.4.1　技术标准化能力的定义

目前学者们关于技术标准化能力的定义还没有详细统一的描述。伍燕妩与陈道珍等（2005）认为技术标准化是对技术标准的推广，因此，技术标准化能力就是企业推广技术标准的能力。[62] 孙耀吾与胡林辉等（2007）则从狭义与广义的两个角度指出，狭义标准化能力指专利技术转化成为技术标准的能力，而广义的标准化能力则包括从技术研发、转化为专利、到标准确立及实现产业化的能力。[3] 朱翔华（2015）从政策组织的角度，认为标准化能力反映的是一个组织或机构进行标准化工作的程度。[63]

由上述定义可知，学者们都是从技术标准的角度对标准化能力进行描述，而没有指出其中具体的作用机理。考虑到技术标准化实现过程发挥作用的组织形式与作用机理，本书将技术标准化能力定义为：标准化能力是以技术标准联盟为载体，提供技术标准化不同发展阶段所需各项优势资源，以成功推动技术标准成为市场事实标准的能力。从定义可知，技术标准化能力包括了三个方面的含义：一是标准化能力不仅来源于企业自身，也受到标准联盟组织影响，联盟的稳定运行是发挥标准化能力的基础；二是技术标准化能力具有动态性，随着标准化不同发展阶段而不断变化；三是技术标准化实现需各类资源，提供各项资源的子能力集合成为标准化能力。

#### 1.2.4.2　技术标准化能力的构成

关于技术标准化能力的构成，主要涉及如下三个层面：

在产业层面上，从标准化发展的角度，标准化能力包含作为技术创新基础的R&D及协作能力、充当技术研发与标准化之间桥梁的技术专利化能力、反映创新目的和技术进步意义的专利标准化能力及代表技术扩散和市场竞争力的标准产业化能力。[3] 王珊珊等（2013）认为标准化能力包含了技术层面的技术标准专利化能力、产业链层面的技术标准产业化能力与市场拓展层面的技术标准市场化能力。[64]

在企业层面上，曾德明与伍燕妩等（2005）在技术标准化研究的基础上，认为企业在技术选择、技术标准制定与技术标准推广方面的实现能力影响企业技术标准化的实现。[65]张果与郭鹏（2015）在构建技术标准化能力与技术创新能力耦合测度模型的基础上，提出标准化能力的评价要素有标准化技术基础、标准化产出能力与标准化环境基础三个方面。[66]

在区域层面上，元岳（2010）指出标准创制能力主要包括反映标准创制基础条件的外生创制环境，反映标准创制人力及资金投入的内生创制环境，能够体现企业标准化意识和产业成长的技术标准创制效果三要素。[67]

综合上述分析可知，技术标准化能力就是影响技术标准化实现的能力，且标准化能力的构成与标准化发展及影响因素密切相关。

## 1.3　研究内容与研究方法

### 1.3.1　研究内容

本书拟运用生态位理论、网络外部性理论、资源基础理论与动态能力理论，研究技术标准化过程中标准联盟核心企业所具备标准化能力的构成与作用。具体内容包括：根据技术标准化发展特征与推进技术标准化实现组织的特征，科学界定标准化能力的概念与内涵；进一步对技术标准化过程进行分析，并指出技术标准化能力形成的动因与基础；针对技术标准化实现的阶段特征与资源需求，提出标准联盟核心企业标准化能力由研发能力、管理能力与关系能力等子能力构成；从标准化发展角度出发，系统描述研发能力、管理能力与关系能力在标准化中的具体作用；最后，以闪联标准为例，研究闪联联盟核心企业标准化能力的构成及其在闪联标准化中的具体作用，对构建完成的理论框架进行验证，并在案例研究总结的基础上，为进一步提升标准化能力提出有效建议。全书主要分为七个部分：

第一章，绪论。首先从理论与实践两个角度出发，介绍选题背景与选题意义；接着对技术标准化、技术标准联盟、核心企业与标准化能力等主要研究对象进行描述；然后提出研究思路、研究方法与研究框架。

第二章，理论基础与文献综述。理论基础方面主要介绍了与技术标准化实现与标准化能力相关的企业生态位理论、网络外部性理论、资源基础理论与动态能力理论；文献综述方面则从技术标准化与标准化所需能力两个方面展开，具体内容包括标准化战略、标准化影响因素、标准化阶段、技术能力、R&D 能力等，从总体上把握技术标准化的特征与所需的能力，从而为本研究的开展奠定基础。

第三章，核心企业标准化能力形成机理。首先介绍了企业参与推动技术标准化的动因，标准化发展阶段的不同特征及技术标准化实现过程面临的挑战，从而提出标准化成功实现需要标准化能力这一论点；接着从技术标准扩散与异质性资源企业间合作两个方面论述了标准化能力形成的基础；最后在总结标准化能力形成动因与基础的基础上，提出技术标准化能力的具体构成及相互关系，为后文的进一步展开提供了铺垫。

第四章，标准化过程核心企业研发能力。标准化过程的研发内容主要包括标准技术研发与标准产品研发。从技术标准化中技术发展的视角出发，认为在标准技术研发方面，研发能力表现为核心技术的预测与选择，技术研发方式选择与研发技术完善等。在标准产品研发方面，研发能力则主要由研发信息能力与研发技术能力构成；并从技术与市场两个层面论述了研发能力如何提升标准化水平与加速标准化实现。

第五章，标准化过程核心企业管理能力。推进技术标准化发展的两个主要组织形式是高技术企业与技术标准联盟，在企业与联盟的运行过程中，存在着企业内部复杂性与外部多变性、联盟个体利益与整体利益冲突等诸多问题，影响着企业与联盟作用的发挥；在企业内部，核心企业围绕技术标准制定所采取的措施有内部技术标准知识管理、标准化配套项目建设与技术标准产品市场开拓等；在标准联盟中，相关的管理措施包括合作伙伴选择、联盟知识流动管理与标准收益分配等。

第六章，标准化过程核心企业关系能力。首先阐述了核心企业关系特征、种类与作用，为进一步分析核心企业关系能力做好铺垫；其次在介绍关系能力内涵的基础上，指出核心企业关系能力主要由关系建立能力、关系发展能力与关系运用能力构成；最后以核心企业关系能力构成为分析框架，对关系能力的构成要素进行详细分析。

第七章，案例研究。依据案例选择、案例设计要素与质量标准，选择闪联联盟核心企业为研究对象，进行深入研究。在对闪联标准联盟官网、国家知识产权局网站、企业官方网站与权威信息发布网站等渠道收集到的数据资料进行深入分析的基础上，对闪联标准化发展阶段，闪联联盟核心企业标准化能力进行系统分析，揭示在闪联标准化中，联盟核心企业标准化能力的具体构成与作用，以对所构建的理论框架进行检验与完善。最后，对案例分析进行总结，提出建议。

### 1.3.2 研究方法

本书主要分为理论研究与实证检验两大部分，采用的方法主要如下：

（1）文献资料法。通过互联网、图书馆数字资源与纸本资源等途径，收集技术标准化与技术标准化能力相关的文献资料，进行文献的分析与述评。一方面厘清相关研究对象的内涵与特征，对本书研究涉及的关键概念"标准化能力"进行界定；另一方面了解与"技术标准化"相关的研究进展，进而提出研究的方向与可能采用的路径。

（2）演绎分析法。从技术标准化发展的角度出发，在对标准化阶段特征与资源需求进行分析的基础上，提出技术标准化能力的形成动因、基础与构成要素，并在此基础上，结合标准化实现过程涉及的活动，对标准化能力子能力在技术标准化中发挥的具体作用进行进一步的分析，从而完成标准化能力构成与作用理论框架的构建。

（3）数理模型分析法。对核心企业标准化能力在标准化中的具体作用行为，如研发模式选择、标准收益分配等，通过运用博弈模型、实物期权定价等模型进行分析，使核心企业标准化能力的作用过程更加清晰与直观。

（4）案例研究法。本书在对联盟核心企业标准化能力进行理论研究的同时，采用案例研究方法，对所构建的标准化能力构成与作用理论框架的合理性与有效性进行检验。本书选择推动闪联标准成为 3C 领域国际标准的闪联联盟中的核心企业作为研究对象，通过联盟官网、企业官网、国家知识产权局网站与其他信息发布途径获取与核心企业推动闪联标准化发展的相关数据资料，在对相关数据资料进行分析的基础上，研究闪联联盟核心企业标准化能力的构成及其在闪联标准化中的具体作用，从而对标准化能力理论框架进行验证。

### 1.3.3 研究思路

本书的研究思路如图 1.3 所示。首先，围绕"技术标准化"这一主题进行文献综述，涉及的内容有标准化战略的制定、标准化过程影响因素、标准化发展阶段及标准化实现所需能力等。在对他人研究所取得成果与存在的不足进行分析与总结的基础上，依据现有研究需要，提出本书研究目的及其所采用的研究方法与研究思路等。

其次，以技术标准化为主线，探讨技术标准化的动因、条件以及在发展过程中遇到的挑战，并指出获取挑战带来的机遇需要标准化能力。进而在论述标准化能力形成基础的前提下，结合技术标准化发展需要，指出技术标准化能力由研发能力、管理能力与关系能力构成。

再次，结合技术标准化发展特点与实现条件，提出研发能力有助于技术标准研发、完善与扩散；管理能力对参与标准化的企业与技术标准联盟可发挥更好的作用和影响；关系能力对处理与标准化发展有益的不同主体间关系的作用，从而提出更好更快推动标准化实现的具体措施。

在完成相关理论推演后，以推动闪联标准成为国际标准的闪联联盟核心企业为例，通过联盟官网、国家知识产权局与联盟成员企业网站等不同途径获取相关数据资料，分析在闪联标准化中，闪联联盟核心企业标准化能力的具体表现，进而对前文的理论进行检验与完善。

最后，在对技术标准化过程中标准联盟核心企业标准化能力进行全面总结的基础上，指出本书的创新点与存在的局限性。同时，依据现有的理论基础与研究进展，提出未来的研究重点与研究方向。

## 1.4　本章小结

本章首先从理论与实践两个层面对文章研究主题"技术标准联盟的核心企业标准化能力研究"的研究背景与研究意义进行了分析，提出对联盟核心企业标准化能力的研究一方面丰富了技术标准化能力研究的内涵，另一方面有助于我国自主技术标准的制定；其次在分析技术标准化、技术标准联盟、核心企业与技术标准化能力等相关概念的基础上，对技术标准化能力的定义与内涵进行了界定，认为标准化能力是涉及多种标准化参与组织，以推进标准化实现为最终目标的一种动态能力，从而明确文章的主要研究对象，为后续研究的开展奠定基础；最后，简要论述文章的主要研究思路、研究方法与研究框架。

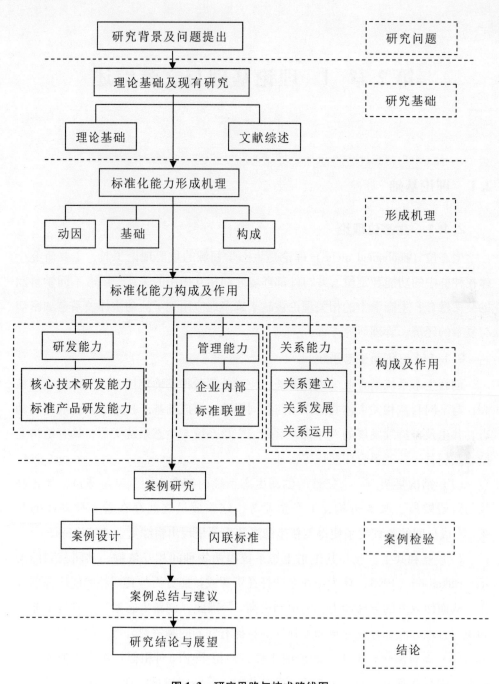

**图 1.3 研究思路与技术路线图**

# 第 2 章 ┃ 理论基础与文献综述

## 2.1 理论基础

### 2.1.1 生态位理论

生态位（ecological niche）理论是生态学领域的重要理论工具，主要研究个体在种群中的功能和定位，并与外部环境之间相互作用的关系。随着不同学科间的交叉融合，生态学中的相关理论被越来越多地应用到了活动主体关系愈加密切与复杂的经济、管理研究方面。

#### 2.1.1.1 创新生态系统

创新生态系统是企业为不断发展，应对外部各种不确定性，以知识创造为核心，与不同利益相关个体共同作用与共同影响，形成的基于技术、制度演化的动态、共生及可持续发展的"生命"系统，[68]该系统与生态系统类似，具有结构复杂、互利共生、竞争合作演化等特征。

（1）结构复杂。一个完整的创新生态系统内拥有不同类型的成员，如各高校与科研院所、服务机构、生产企业等，这些成员之间存在着多种多样的联系。[69]成员间的各种关系使得创新生态系统内部呈现出错综复杂的结构特征。

（2）互利共生。互利共生指生态系统内两物种间相互依赖、共同获利的关系。Hakanson（1993）认为企业会选择在资源或技能方面与其互补的伙伴开展合作，从而使双方的创新能力都能得到提高。[70]因此，创新生态系统内成员企业在知识与管理方面都存在一定的互补性，且拥有共同的利益契合点。[71]

（3）竞合演化。由于生态位的重叠，使得企业间对相似资源出现依赖，因此系统内存在竞争。而当生态位重叠分化时，系统内成员实现了共存。[72]随着系统内部各要素之间的相互作用与相互适应，市场对创新资源的配置优化，使得创

新生态系统得以不断向前发展。[73]创新生态系统的存在，是企业应对动荡环境、创新资源限制的有效形式，也是未来研究与实践发展的新趋势。[74]

### 2.1.1.2 企业生态位

要想获得发展，企业就要与周围的政治、经济、自然等环境发生纵横交错的互动联系（图 2.1），并在这一作用过程中，企业逐渐形成其生存与发展所需的特定资源条件与适应外部环境的生态特征，这就构成了企业生态位。[75]企业生态位指与特定环境互动后，企业在资源与能力方面的特征，[76]并通过企业生存力、竞争力与发展力这三个层面来体现企业的"态"与"势"属性。[77]通过对生态位的评价，企业可了解其在自然、社会与经济等资源形成的梯度上的位置，及其在物质、技术与信息等流动过程中所扮演的角色。[78]

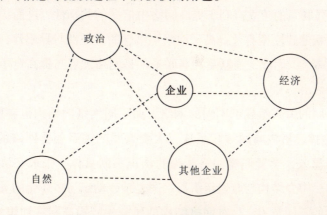

**图 2.1 企业结构网络图**

对企业生态位的认识，首先，有助于企业将其内部特征与外部环境有机结合起来，多方位了解影响企业生态位的因素，从而掌握多样化与系统化的提升企业核心竞争力的方法；[79]其次，有利于企业把握特定环境中的关键要素，并结合企业实际制定适合自身发展的战略，并对企业行为进行调整，从而获取生态位给企业带来的优势，使企业获得长远发展；[80]最后，对商业生态系统的构建者与领导者有帮助，其可以通过企业生态位的重叠了解企业间的竞争关系，从而采取有效的策略使系统内的供应商保持有效的竞争，以实现提升系统竞争力的同时，维持系统运行稳定的目标。[81]因此，对研究企业生态位，企业应对外部变化环境，提升企业与系统竞争力有着积极的作用。

### 2.1.2 网络外部性理论

Rohlfs（1974）最早提出了网络外部性概念，他认为当某一种产品对消费者的价值随着使用者的数量增加而增加时，这一产品就具备了网络外部性。网络外部性理论主要对信息技术与网络产品在需求方面特点进行分析，并按照消费者效用增加的途径，分为直接网络外部性与间接网络外部性。[82]

#### 2.1.2.1 网络

网络这一概念最早应用于电学领域，主要指由若干元件组成的使电信号传输的电路部分。随着网络组织研究的不断发展，网络这一概念扩展到了社会经济领域，它主要用于表现不同主体间所存在的关系。

按照关系的紧密程度，网络关系可以分为关系紧密的强联系和关系并不紧密的弱联系。[83]强联系的建立有利于提高网络中信息的共享性，进而提高集群创新效率；而弱联系的建立则有效提高了网络中信息的多样性与异质性，也能有效提高集群创新效率。[84]因此，强联系和弱联系都是网络发展与提高竞争优势不可缺少的组成部分。

主体间不同的关系组成了不同的网络，而不同网络的结构也有所不同。Hakansson认为主体、资源与网络联系这三大要素间的关系就是网络的结构。[85]随着研究的不断深入，学者们对网络结构的认识不断具体。张永安认为集群中企业、研究结构、中介结构与政府组织等之间复杂、动态与多样化的关系作为连线连接了网络中的不同节点。[86]对网络结构的研究，能提高网络知识的创造能力，同时加快网络的创新能力，从而提高网络整体的创新效率。[87]网络概念的发展与对网络内部的研究，为学者们提供了新的研究视角和研究方向。

#### 2.1.2.2 网络外部性

网络产品具有网络外部性的主要原因在于：（1）网络系统性。网络系统性是指网络内的要素与外部环境，要素与要素之间相互联系且相互作用。当某一要素行为发生变化时，与其相互联系的要素也随之受到影响。（2）网络内部要素互补性。互补性是指系统内要素甲的输出成为要素乙的输入，同时要素乙的输出成为要素甲的输入，合适的互补能使要素之间的合作产生额外的效用。在网络系统性与内部要素互补性的作用下，网络产品呈现出显著的网络外部性。

网络外部性的存在，首先，会成为产品进入市场的壁垒，[88-89]主要原因在于现有产品市场规模较大，消费者在现有产品中获得了较高的消费效用，不易于放弃现有消费习惯，导致新产品的市场面临阻碍。其次，对市场结构进行调整，因为网络产品的需求曲线通常呈现出抛物线的形状，如图 2.2 所示，当消费者增加时，消费者对产品的边际支付意愿也同时增加，直到达到临界点，但随着网络规模的扩大，支付意愿随之降低。这样，就能够淘汰市场上规模较小的企业，从而提高市场的集中度。[90]最后，影响企业间竞争。因为在网络的竞争中，达到临界容量的网络易引起正反馈效应，网络规模日益扩大，而没有达到临界容量的网络则在负反馈效应的影响下，网络规模逐渐缩小，直至消失，[91]这种市场垄断化的现象就称为"马太效应"。因此，在网络经济中，研究网络外部性对企业的发展有重要作用。

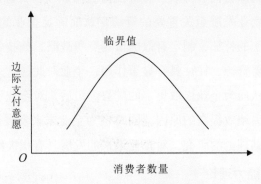

图 2.2　网络产品需求曲线

### 2.1.3　资源基础理论

企业掌握着各种有形和无形的资源，这些资源转化成为企业生存与发展必不可少的能力。由于企业资源的不可流动与难以复制，这些资源就成为企业核心竞争力的主要来源。[92]

#### 2.1.3.1　企业资源与能力

Wernerfelt（1984）认为企业资源是那些能给予企业优势或劣势的东西，且在特定的时间内，这些东西都是企业有形或无形的资产。[93]Barney（1991）把企业中物资、人力与组织资本中那些能提高企业效率与收益的那部分资源认为是企业资源。[92]Grant（1999）则进一步将资源细化为财富、物质、人力、技术、声望与组织资源六类，他同时认为企业资源就其本身而言，是不具备什么生产价值的，资源只有经过结合才能发挥作用，这种结合就需要企业能力，企业能力是指企业结合资源以完成一定任务的能力。[94] Amit 与 Schoemaker（1993）也持相类似的观点，他认为企业资源是包括技术、财务、物资与人力等可被企业拥有或控制的对企业有益的要素，而企业能力则是企业利用资源以达到企业目的的能力。[95] 综上分析可知，企业资源与企业能力之间密不可分，企业能力的运用需要以企业资源为基础，而企业资源价值的实现离不开企业能力的发挥。

### 2.1.3.2　企业发展战略

企业战略资源具有的异质性与不可流动性，[93] 影响着企业发展战略的选择与制定。首先，因为企业现有资源与发展需求不匹配，使得企业在选择合作对象时，总希望可以找到那些拥有稀缺、有价值并且难以模仿资源的企业，[96] 可以以较低的成本获取对企业发展至关重要的资源，从而满足企业的资源需求。其次，企业可依据自身资源的特征，制定有效的市场竞争战略，如技术资源作为构成企业核心竞争力的重要资源，往往具有显著作用，企业对此通常采取专利战略以将技术转化为专利，从而为企业谋取更多的优势。最后，对企业资源的了解，不仅有助于了解企业过去绩效提高的原因，同时也为企业未来发展提供了指导。[97] 因此，对企业资源基础理论的研究，对企业未来的发展具有积极作用。

### 2.1.4　动态能力理论

在动态环境里，企业如何寻求和保持自身竞争优势是企业管理者与学者关注的焦点。而动态能力在适应外部变化环境方面具有的优势，使其成为提高企业竞争力的有效工具。

关于动态能力的定义，不同学者有不同的描述。Teece 和 Pisano（1994）认为动态能力是企业整合与配置企业内外部资源的能力。[98] 董俊武等（2004）则认为动态能力是企业保持或改变作为其竞争优势的基础能力的能力。[99] 徐万里等（2009）在综合不同学者观点的基础上，指出动态能力是企业依据外部环境变化不断调整与提升企业运营能力的能力。[100] 尽管学者们对动态能力的定义描述多样，但它们的一个共同点就是动态能力不是固定不变的，而是一种不断变化的能力。

企业动态能力一方面影响着企业的绩效。Moliterno 和 Wiersema（2007）分析与验证了企业在动态环境中动态能力对企业绩效的影响，结果发现这一能力对企业的绩效有正向作用；焦豪（2008）运用中国企业的调查数据，利用结构方程模型验证了动态能力战略对企业绩效的积极影响。[101]企业动态能力另一方面也影响着企业竞争力。李朝明与黄利萍（2010）认为企业在与外部动态变化环境保持匹配的状态下，才能在动态的环境中获得持续发展的竞争力。[102]吴金南与杨亚达（2010）则认为企业竞争力具有动态性特征，为了使企业竞争力保持长期状态，就需要企业运用动态能力以适应变化的环境。[103]

企业处在一个时时刻刻变化的环境中，如何适应环境，并获得长远发展，对企业而言是一个巨大的挑战。动态能力呈现出的灵活性与多变性，为企业应对环境的不确定性提供了重要保障。

## 2.2　技术标准化研究综述

### 2.2.1　技术标准战略研究

在全球经济日益一体化的今天，不同国家和地区之间市场的相互渗透，使得市场上的竞争日趋激烈。当技术标准在市场竞争中发挥的作用与日俱增时，不同国家、地区与企业纷纷制定了技术标准战略。技术标准战略是从本单位的视角出发，以技术标准为武器，在技术与市场竞争中谋求自身利益最大化的方略[104]。按照技术标准的作用层面，技术标准战略可划分为国家标准战略、产业标准战略与企业标准战略。

#### 2.2.1.1　国家层面

（1）国家技术标准作用。

WTO 制定的《技术性贸易壁垒协议》中允许各成员为保障产品质量、国家安全与保护环境等而制定与实施相关技术法规、标准等合格的程序[105]。因此，技术标准作为国际技术贸易的壁垒，对一国国际贸易的经济效应会产生影响。Swann 和 Shurmer（1996）对英国与德国 1985—1991 年间 83 个行业的数据进行了研究，结果发现相对于国际标准，英国国家标准对贸易产生的促进作用更大[106]。Blind（2001）的实证研究结果也表明了标准对瑞士国家进出口产生着影响[107]。陶忠元与马烈林（2012）以 1999—2010 年间的我国标准增量、外商直接投资额、人民币汇率与出口贸易额等数据为样本进行研究，结果表明标准增量长期对我国出口贸易有促进作用[108]。陶爱萍与李丽霞（2013）在分析 1994—2011

年间 12 个国家的面板数据基础上，得到技术标准与国家进出口之间呈现倒 U 型关系的结论，即标准数量较少时，标准增加会促进进出口，但到一定量时，标准数量增加对进出口就会产生抑制作用[109]。此外，张海燕与孙玉峰（2006）等从国家福利的角度，认为技术标准是增加一国福利效应的主要手段，对出口商来说技术标准降低了成本与相关费用，对消费者而言则降低了消费者费用，从整个国家出发则利用了技术标准的网络外部性与形成的贸易壁垒[110]。

（2）国家技术标准提升。

如何提高国家技术标准的竞争力，推进国家标准上升成为国际标准，学者们也进行了大量研究。Choung 等人在对国家技术标准竞争分析的基础上，提出一国首先应采用自己的技术标准，以扩大标准的用户基础规模，当国家技术能力增强时再考虑标准的兼容性，并当国家最后成为先进国家组织成员时形成国家的独立标准[111]。尽管用户基础规模对标准形成影响重大，但当用户基础规模不足时，周勤等认为技术方面的领先可以弥补用户基础方面的不足，当技术质量超过临界值，在一定规模的用户基础作用下，其也可以形成事实标准[112]。孙晓红利用其构建的进化博弈模型，从研发成本的角度也论证了技术后发国家通过自主研发标准实现技术追赶的可能性与合理性[113]。

因此，在国家层面上，为了提升国家在世界市场上的竞争力，各国都在制定各项政策及采取不同的措施，以完成国家层面技术标准的制定。

### 2.2.1.2 产业层面

随着分工在经济与社会发展方面表现出的推动作用，分工得到了不断发展，从最初的产品分工发展到了今天的产业链分工[114]。而为了能在产业价值链中占据主导地位，先行企业将技术专利组合，使潜在产业经济秩序固定，因而便出现了产业技术标准。童时中认为产业标准指产业内产品生产或企业经营、管理上的技术标准，并最终体现在产品级的标准化[115]。产业技术标准的核心是通过对产业价值链的拉伸，实现产业内规模与分工经济的有机兼容[116]。模块化分工的出现，突出了差异化、创新及更为细致的价值取向，使参与分工的企业能更好发挥其优势，实现不同组织间的资源互补[117]。与模块化相伴而生的标准，又巩固了模块化分工的成果，使得产业内企业间的分工水平不断提升[118]。因此，产业的提升与发展离不开产业技术标准的制定。此外，龚艳萍与周亚杰以中国电子信息产业为研究对象，利用相关分析与格兰杰检验研究了技术标准对产业国际竞争力的作用，研究显示技术标准是产业国际竞争力的重要组成部分[119]。

产业技术标准的最终形成要经历一个阶段的激烈竞争与扩张，因此，产业标准的制定离不开政府的总体规划与部署，产业政策与机制的跟进[120]。同时，政府采取的不同举措也直接影响着产业内技术标准的竞争[121]。

### 2.2.1.3　企业层面

对企业而言，技术标准战略的制定与实施，一方面影响着企业技术创新活动。持积极观点的研究认为企业参与技术标准制定有益于技术创新活动的展开，作用机理主要有：（1）参与标准化能有效降低技术研发过程中的经济风险，并降低企业研发成本[122]；（2）技术标准能给企业带来收益，受到知识产权保护的技术创新成果能激发企业创新活动的开展[123]。当企业将高新技术转化成为技术标准时，企业就能够将技术、市场上蕴含的机会转化为企业的经济收益[124]。而消极观点则认为技术标准中知识产权的排他性抑制企业的创新行为[125-126]，此时就需要政府进行干预[127]。

尽管作用不一，但技术标准给企业带来的显著优势还是促使大量企业加入其中。更有学者指出现代成功的企业是那些能够制定规则，让别人去追随的领先企业，是能够成功运用标准化战略、知识产权战略进行商业化运作的行家[128]。在结合技术标准与技术专利关系日益密切的基础上，越来越多的企业普遍采用将技术标准战略与企业专利战略结合的战略模式，即将企业研发的技术专利转化成为技术标准[129]。

由上述分析可知，尽管在不同层面上技术标准的作用有所不同，但技术标准对国家、产业与企业竞争力提升具有的作用，使得技术标准战略成为国家、产业与企业发展战略的重要构成。

### 2.2.2　技术标准化影响因素研究

关于技术标准战略的实施，学者们进行了大量研究。尽管不同行业、不同企业的特征有所不同，但影响技术标准化实现的因素主要集中在技术、机制与市场等方面。

### 2.2.2.1　技术因素

技术创新是技术标准的技术基础，标准技术特征影响着技术标准的形成与用户采用，技术因素的构成主要包括技术的先进性、兼容性、成熟性与可控性等方面[130]。（1）技术先进性。技术先进性是指与该技术与行业现有技术相比，在降低成本、改善性能、提高品质与节能减排等方面具有显著作用，且符合行业未来的发展趋势[131]。一般而言，越先进的标准技术，就越能满足市场消费者的需求，从而更有利于标准的市场进入[132]。（2）技术兼容性。技术兼容性是不同产品之间的互联互通[133]。兼容性的存在，有效地限制与防止了相关主体的"多归属"行为[134]，从而提升标准的市场竞争力。（3）技术成熟性。技术成熟度反映的是技术转化为成果的吸引力，成熟度高的技术具有较大的成果转化可能性[135]。转化为产品的技术标准更容易进行市场应用与扩散。（4）技术可控性。技术的可控性是技术拥有方对技术需求方的限制程度[136]。限制程度的不同使得标准技术应用与扩散的速度也不尽相同。

### 2.2.2.2 机制因素

机制因素主要是政府等相关权力结构主体对技术标准化的影响。由于技术标准具有一定的公共物品属性，因此，政府对技术标准化的干预必不可少。政府干预市场上标准竞争的原因主要有降低市场失灵带来的影响[137]和促进本国产业及创新发展[138]。对技术赶超者或追随者而言，政府参与的组织型标准化过程能有效避免市场型标准化中出现的多重标准产生的资源浪费现象[139]。常见的方式主要有直接投资促进标准研发，政府采购支持发展，设置提供相关资源与服务的机构，制定政策法规影响竞争，推动不同组织间合作以促进标准发展与通过政治谈判或组织影响力提升标准的国际影响力等[137]。在不同方式的作用下，通过提高技术标准的市场预期与扩大用户安装基础，最终影响技术标准竞争的结果[140]。

政府对技术标准竞争的干预与标准的生命周期关系紧密，在标准生命周期的不同阶段，政府的目的与行为往往不尽相同。如在标准导入期，政府采取扶持的措施，以防止较差标准的锁定；到了成长期，政府往往采取引导的措施，以扩大标准的网络[141]。但值得注意的是，政府在干预标准间竞争时，首要考虑的是标准在技术方面的表现[137]。政府选择优势技术的做法，既可通过竞争获取更为先进的技术，也在一定程度上避免了标准竞争前合作所产生的方向错误问题[121]。

### 2.2.2.3 市场因素

从市场层面看，影响一项标准成为市场标准的主要因素有：（1）用户基础规模。在具有网络外部性特征的市场上，产品用户基础越大，对应的价值也越高。因此，标准的市场用户基础规模在很大程度上影响着标准的竞争优势[142]。另外，达到一定生产或销售规模的产品也具有一定的成本优势，成本上的优势又可以吸引更多的用户，呈现出正反馈效应，又进一步增加用户数[140]。（2）用户预期。用户预期是指消费者对技术标准的预期。当市场消费者对某一技术标准的市场预期越好时，该技术标准的市场推广难度越低，且未来的用户基础规模可能越大，该标准就越有可能成为市场中的主导标准[140]。

综上，影响技术标准化实现的因素众多，且不同因素彼此间又相互作用。为了成功实现标准化，只有制定合理的策略，才能获得事半功倍的效果。

### 2.2.3　技术标准化阶段综述

在现有研究中，因为技术标准与技术的紧密联系，学者们往往将技术标准化的实现过程与技术标准的生命周期联系起来，两者之间在很多情况下可以替代使用。关于技术标准生命周期与技术标准化阶段所取得的研究结论如表 2.1 所示。

表 2.1　技术标准生命周期模型

| 阶段 | 作者 | 内容 |
| --- | --- | --- |
| 三阶段 | Onller（1988） | 前标准化、标准化、后标准化 |
| | Weiss 和 Spring（2000） | 开发、扩散、审查 |
| | 王珊珊等（2012） | 标准形成、标准产业化、标准市场化 |
| 四阶段 | Hanseth 和 Braa（1999） | 概念、定义、实施、应用 |
| | Vires（2002） | 协调、研发与修正、采用、扩散 |
| | Koller 等（2003） | 制定、实施、许可、应用 |
| 五阶段 | Cargill（1995） | 潜在需求、标准研发、产品开发、测试、反馈 |
| 七阶段 | Söderström（2004） | 准备、研发、产品开发、实施、应用、反馈 |

#### 2.2.3.1　三阶段模型

在三阶段模型研究中，Onller（1988）认为技术标准化阶段主要包括产生标准化开发与市场需求的前标准化阶段（Pre-standardization），制定标准所有相关活动的标准化阶段（Standardization），及对标准进行设计、开发、生产的市场化基础的后标准化阶段（Post-standardization），该模型主要是对标准研发进行了研究[143]。与 Onller 研究相似，Weiss 和 Spring（2000）也在标准研发的基础上，提出标准生命周期的三个阶段分别为开发、扩散与审查。其中开发阶段的主要任务是明确技术标准规格，扩散阶段则完成标准技术的应用与扩散，最后的审查阶段是测试标准产品的性能[144]。王珊珊等（2012）从技术、产业与市场成熟的角度，将技术标准化划分为研发技术专利化并形成技术标准的标准形成阶段，标准体系完善及产业内扩散的技术标准产业化阶段，获取标准市场收益的标准市场化阶段等涵盖了标准研发与应用活动的三个阶段[145]。

### 2.2.3.2　四阶段模型

Hanseth 和 Braa（1999）在对标准化案例进行描述的过程中，提出标准化阶段包含概念、定义、实施与应用四个阶段。其中概念阶段是确定标准的需求，定义阶段是确定标准的内容与范围，实施阶段则是标准产品的研发生产，最后的应用阶段包括标准的扩散与使用[146]。Vires（2002）对企业内部标准开发阶段进行研究时，将这一过程划分为协调阶段，研发与修正阶段，采用阶段与扩散阶段[147]。Koller 等人（2003）将标准生命周期划分为标准制定阶段、标准实施阶段、标准许可阶段与标准应用阶段[148]。相比于三阶段模型。四阶段模型在标准化的范围上都有所扩大，所涉及的标准化活动也更具体。

除此之外，标准生命周期还可划分为五阶段模型[149]与七阶段模型[150]。生命周期理论的应用，将技术标准化划分为具有不同特征的阶段，尽管不同学者的研究结论有所不同，但基本上都针对技术标准发展的特征进行研究，这为标准化组织实施有效管理提供了前提与条件。

综上所述，制定技术标准战略，推动技术标准化实现已成为国家、产业与企业发展的重要战略。在技术标准化实现过程中，面对技术、市场与机制等因素的影响与标准化不同阶段呈现出的特征，标准化主体要合理配置资源，巧妙运用能力，进而快速有效地达成组织目标，获取标准化带来的收益。

## 2.3　技术标准化所需能力研究综述

尽管学者们对技术标准生命周期阶段研究的结论不同，但这些结论的共同点就是技术标准化的实现需要经过几个不同的阶段，且在不同的阶段标准化需解决的问题有所不同。因此，技术标准化发展所需的能力也多种多样。

### 2.3.1　技术能力

技术作为技术标准的本质，技术标准化想要成功实现，对技术方面的提升必不可少。因此，实现技术标准化需要技术能力。

关于技术能力，不同学者从不同角度开展了研究，并得出了不同的结论。赵晓庆与许庆瑞（2002）认为技术能力是企业在技术活动与资源方面知识与技能的总和，其中技术活动主要包括企业对内外部技术资源的整合协调，以及技术的战略管理。通过对企业技术活动的分解，技术能力可分为技术资产、技术资源协调整合、外部知识网络与技术战略管理等四个子能力[151]。技术能力的存在，是推动产业升级与区域创新体系快速发展的重要影响因素[152]。其作用过程主要为：首先依靠现有技术资产，企业可开展一定程度的技术创新活动。但随着创新要求的进一步提高，当企业因资源匮乏难以独自面对挑战时，通过与外部知识网络的交流互动来获取知识。因此，制定有效的知识获取战略对企业的可持续发展具有积极作用[153]。

Burgelman 等人（1996）则认为技术能力是企业在技术运用过程中所表现出来的综合能力，其中包括产品研发、工艺改进、技术信息知识获取与储备，以及创新活动组织能力等[154]。通常分为技术吸收能力与技术创新能力两大类[155]。技术吸收能力是企业对外部知识的吸收与运用能力，良好的技术吸收能力有助于企业获取外部知识，推动内部知识流动，并在企业技术创新过程中使知识得到充分的运用[156]。而技术创新能力有助于企业在内部建立一种包容的创新文化，能有效支撑企业创新活动的展开，并最终将这些创新性能力要素转化为创新产品与服务，给企业带来创新优势[157]。

此外，由于技术能力是一个综合性的能力集合，其决定着技术创新方式的选择，对自身技术能力的全面了解，进而选择合适的创新模式，有利于增强企业的核心竞争力[158]。

为了提升技术能力，结合技术能力与知识的关系，从知识吸收的角度，企业所采取的途径有内部 R&D 获取新知识和引进吸收外部知识这两种方式，企业再将得到的新知识进行学习转化，成为新的技术能力或对现有技术能力进行提高[159]。但彭纪生与王秀江则认为知识不等于能力，也不会自发地形成能力，技术知识的转化与整合在技术学习到技术能力提升的过程中充当了桥梁和纽带的作用，企业技术能力提升的关键是对技术学习后获得的知识进行管理的过程[160]。从知识载体与知识流动方面出发，张振刚与郑少贤在技术能力与产业链整合能力具有一定重合性的基础上，认为对产业链进行整合是企业技术能力提升的有效途径[161]。除此之外，张笑楠与仲秋雁利用构建的系统动力学模型研究发现企业间开展技术合作形成的技术优势互补，能规避一定技术风险的同时，使企业的技术能力得到大幅提高[162]。

### 2.3.2  R&D 能力

技术标准化是一个技术创新的过程，基础资源理论认为企业 R&D 能力是企业创新的重要资源，掌握 R&D 能力的企业更易进行技术创新[163]。因此，技术标准化的实现离不开 R&D 能力。

#### 2.3.2.1  R&D 能力构成

Nerkar 和 Paruchuri（2005）提出企业 R&D 能力是企业寻找、获取并利用现有知识从而产生新技术、知识和产品的能力[164]，主要由内部 R&D 能力、R&D 战略能力与外部协作 R&D 能力三个主要能力要素构成。其中 R&D 战略能力是企业技术标准设定的基础，标准中的 R&D 战略制定包括定义技术发展方向、识别市场需求与安排标准化各项事宜等；而内部 R&D 能力则是企业吸收创新的能力，具体表现为企业的专利存储数量；最后的外部协作 R&D 能力是企业同意标准设定各方期望与利益的能力[165]。

高山行与谢言等（2009）认为企业 R&D 能力是一个包含了资源投入、成果转化与组织集成等能力的能力集合[166]。其中资源投入能力是企业所拥有的关于 R&D 资金、人才与相关知识的能力，这是企业 R&D 活动开展的基础；成果转化能力则是企业研发成果转化为实际生产的能力，是企业 R&D 活动进行的动力；而组织集成能力是企业从内外部获取所需资源，并加以整合，最后生成企业所需技术、知识等的能力，这是企业 R&D 活动顺利开展的重要条件[167]。

综上可知，企业 R&D 能力并不仅仅只是企业利用现有技术知识、技术资源的能力，还包含了企业在现有技术知识基础上创造与运用新知识，开展 R&D 活动的能力。

#### 2.3.2.2  R&D 能力提升

R&D 能力高低影响着企业的 R&D 成果，为了提高企业 R&D 效率，企业纷纷采取不同措施来提升 R&D 能力。要想提升 R&D 能力，首先就要了解影响 R&D 能力发挥的因素。Rothwell 在其研究的基础上得到影响 R&D 能力效果的主要因素有企业的内外部交流、创新任务、计划与控制的制定程序、有效的开发与关键的个人因素等[168]。Cooper 识别的影响 R&D 能力要素有准备工作、顾客要求、产品优势、产品定义、充足的资源、完美的执行、强大的跨职能团队等[169]。此外，企业的 R&D 质量、R&D 管理水平也影响着企业的 R&D 能力[170]。

综合不同学者关于 R&D 能力影响因素的研究，可将企业提升 R&D 能力的措施总结为增加企业在 R&D 方面的投入与构建 R&D 网络。R&D 投入的增加，丰富了企业在人才、创新与产品方面的资源，有利于企业增强在人才、创新与产品方面的优势；而 R&D 网络的构建，则为企业构建了一个良好的 R&D 支撑体系，使 R&D 实现良性循环，并得到不断发展[171]。

### 2.3.3　其他能力

除了技术能力与 R&D 能力外，技术标准化实现所需的能力还有：

（1）R&D 网络管理能力[172]。在技术标准设定过程中，不同企业围绕技术标准形成协作 R&D 网络。为了推动企业 R&D 活动的高效开展，提高企业与网络的创新绩效，对 R&D 网络进行有效管理就不可避免。

（2）联盟能力[173]。技术标准联盟是推进技术标准化发展的重要组织形式，联盟能力作为企业核心竞争力在联盟中的应用，成为影响着联盟绩效提高的关键因素[174]。而联盟绩效的高低又往往影响联盟成员的满意度，进而影响联盟的稳定性[175]。因此，为了提高联盟的绩效水平，联盟能力的具备就不可或缺。

（3）市场能力。市场能力是企业能够利用与发展已有市场知识，创造并充分利用企业内外部市场资源的市场机会的能力。其主要表现为市场营销水平、产品或服务市场地位等[176]。因为技术对市场的选择具有路径依赖[177]，市场也成为影响技术标准形成的重要因素。但哪项标准将最终占领市场，取决于市场用户对标准的预期和技术标准对用户基础规模的控制[90]。

总结上述不同学者关于技术标准化所需的能力可知，学者们都是从技术标准化的技术、研发或市场方面进行研究。但技术标准化的实现并不仅仅涉及某一方面，而是技术、市场等多项因素共同作用的结果。因此，在研究技术标准化实现所需能力时，应综合考虑不同因素的影响。

## 2.4　技术标准化能力作用研究综述

技术标准化的主要目的是形成标准产业波效应与提高标准市场化水平[64]，这一最终目标的实现需要运用标准化能力完成技术专利化、专利标准化、标准产业化与标准市场化等不同层次的子目标。

### 2.4.1　技术标准化能力与企业竞争优势关系研究

技术标准化能力对企业竞争优势的作用，主要是通过运用标准化相关能力，完成技术标准化过程中涉及的专利研发与标准扩散等任务。Cohen 等人曾指出企业进行专利申请的主要动因是防止拷贝、防止其他企业专利封锁、获得专利许可带来的收益与加强自身企业在谈判中的优势等[178]。Reitzig 也认为专利可以通过企业短期技术竞争优势、品牌保护与形成产业标准等方式提升企业的市场竞争力[179]。究其专利能给企业带来竞争优势的主要原因有：首先，专利具有唯一性，因此企业可以凭借专利的"垄断"获得超额收益；其次，专利具有竞争事后限制作用，企业能利用专利的法律力量保护企业竞争地位；最后，专利是一种具有不完全流动性的典型无形资源，这一资源会为企业所有，给企业带来竞争优势[180]。因此，企业制定与实施专利战略的主要目的就是为了提升企业的核心竞争力，并进一步强化企业的竞争优势[181]。

为了保持标准活力，应对市场竞争，降低社会成本，发挥市场作用，实施国家战略与履行国际条约，专利逐渐与标准进行了融合[182]。作为技术专利体系构成的技术标准，在给企业带来市场经济竞争优势的同时，又凭借其社会公共产品的特征，获取社会制度方面的优势。因此，在技术标准化过程中运用相关能力完成技术专利的研发与技术标准的扩散，对提升企业竞争优势有重要作用。

### 2.4.2　技术标准化能力与企业创新优势关系研究

由于技术标准具有明显的"锁定效应"，而技术创新又是一项充满风险的活动。在市场技术标准确定的情况下，企业进行技术创新决策时需要考虑的因素更多更复杂[183]。此外，技术标准锁定有利于标准核心技术的稳固，是使得后续企业的技术创新依赖于现有技术发展的轨道。要解除现有技术标准的锁定，企业就必须打破现有技术轨道刚性，企业自主创新的方式，摆脱了技术轨道的束缚，实现技术轨道的突破[184]。因此，企业自主创新的开展，有助于企业创新优势的获取。

由技术标准是市场统一的技术规范这一特征可知，在同一市场上不存在两个完全相同的技术标准。能成为市场的技术标准，要么是实现了技术性能上的跨越，要么是寻找到了新的技术发展方向。但不管是实现技术性能的跨越还是技术发展方向的创新，都是企业自主创新而不是模仿创新的成果。技术标准化相关能力作为推动技术标准设定的必须能力，通过相关能力的运用，在企业自主创新的同时，完成技术标准设定。这一过程完成的同时，企业也获得了技术创新的优势。

综上所示，技术标准化的实现对国家、产业与企业发展具有重要的影响。与此同时，技术标准化的实现是一个具有显著阶段性特征的发展过程，这一过程的最终实现，受到技术、市场与制度等多方面因素的影响。为了克服不同因素的影响，推动技术标准化实现，企业需要具备与运用相关的能力。但由于现有研究都只是从技术标准化发展的技术或管理方面出发，因此，对于标准化实现所需能力的研究就相对单一。本研究从技术标准化发展的过程出发，综合分析影响标准化实现的多种因素，探讨研究在这一过程中联盟核心企业标准化能力的具体构成与作用，具有很好的前瞻性与应用性，对提升我国自主技术标准的制定具有理论与实践指导意义。

## 2.5 本章小结

本章主要介绍了本研究开展的理论基础与研究现状，为本书研究方向与研究路径的确定奠定坚实的基础。首先阐述了文章研究的理论基础，包括企业生态位理论、网络外部性理论、资源基础理论与动态能力理论等，为后续对联盟核心企业标准化能力进行研究奠定一定的理论基础；接着对技术标准化作用、发展阶段与影响因素等的研究结果进行分析总结，从而明确推进标准化实现的重要性及全面了解技术标准化实现过程的特征；最后综合不同学者从技术、R&D 等不同角度对技术标准化实现所需能力研究所取得的成果进行分析与述评，指出现有研究主要集中于标准技术或联盟管理等方面，忽视了技术标准化是一个综合考虑技术、市场、联盟等多方因素的过程。因此，从技术标准化视角出发，综合分析技术标准化发展的阶段特征与影响因素，对推动标准化实现的重要组织——技术标准联盟核心企业的标准化能力构成与作用进行研究，具备一定理论与实际意义，值得进一步深入研究。

# 第 3 章 | 核心企业标准化能力形成机理

技术标准化是一个从标准技术研发到扩散成为市场事实标准的动态过程，标准联盟核心企业所具备的标准化能力推动着这一过程的发展。然而，核心企业的技术标准化能力不可能凭空出现，也不可能与生俱来，它伴随着技术标准化的发展而产生，并随着标准化发展要求的提高而不断增强。本章在分析技术标准化过程动因与影响因素的基础上，探究技术标准化能力的形成基础与构成，以期为更进一步研究技术标准化能力在标准化过程发挥的作用提供理论基础与前提条件。

## 3.1 技术标准化动因

技术标准化过程往往需要大量资源，且在技术与市场方面面临极高的风险与不确定性，但仍有数量庞大的企业加入到技术标准化过程中，其参与技术标准化的动力主要包含了技术与经济方面的因素。

### 3.1.1 加速技术扩散

一般而言，某一技术越先进，发展越成熟，操作性越强，其应用范围就越广。但在技术标准方面，扩散范围最大，影响范围最广的可能并不是最先进的技术，而是成为市场事实标准的标准技术。其原因在于与具有强制性与刚性的法定标准不同，事实标准是由市场自发选择形成的，即经过技术与市场方面的竞争，市场消费者自发接受包含了这一技术的产品，进而使这项技术成为市场主导技术，最后成为市场事实标准[185]，企业技术标准化的目标就是推进自身技术成为市场事实标准。

随着标准化进行，在技术方面，企业一方面不断对技术的性能进行改进，以使标准技术能满足更多市场用户需求，进而获得市场认可；另一方面，也通过互补/配套技术的研发，完善标准技术构成体系，从而扩大标准技术的市场应用领域。在标准技术深度与广度方面对标准技术的推进，为标准技术的扩散指明了方向。

在用户方面，随标准化发展，标准技术用户也在不断增加。首先是拥有互补/配套技术的企业之间开展协作，通过相互间信息、资源的沟通，分享彼此技术。这是标准技术初步在小范围企业间扩散。其次，随着标准技术的成熟，企业围绕标准技术研发生产相关产品，通过与上下游开发商合作，将企业相关的标准技术传递到整个标准产业链。最后，将标准技术产品大规模推向市场，成为事实标准，让更多市场消费者接触、了解进而接受新的标准技术，以尽可能扩大标准技术的用户规模。

伴随着技术标准化的推进，标准在技术方面的改进、完善与在市场基础用户方面的累积，最终为企业技术的大规模市场应用提供了有利条件。

### 3.1.2　提升市场竞争力

企业推动技术标准化发展的重要原因是通过参与标准制定，获取标准带来的市场竞争优势。其原因在于：

一方面，技术标准与专利的结合，使得技术标准具有了明显的垄断性与排他性。随着技术知识的飞速发展，企业在投入高额成本进行技术研发时，往往面临着技术的被模仿与他人的无偿使用。为了保障企业在后续经营中，能凭借研发的技术获取经济收益，企业将研发技术转化为受法律保护的专利。研发技术的专利化，使得企业在相关技术领域占据了有利的位置，市场上其他企业进入该技术领域时，需绕开该专利。而在市场领域中，企业技术专利也对其他企业设置了一个进入的门槛，其他企业进入该技术市场时需获得该企业的技术许可。技术专利具有明显的独占性与排他性，于是由大量专利构成的技术标准也具备了专利的上述特征。因此，企业凭借参与制定技术标准，在技术与市场竞争中占据了主动。如凭借掌握关于通信领域内3G、4G的基础专利，高通公司占据了3G、4G领域全球垄断地位，成为了全球3G、4G标准市场的主要领导者。

另一方面，搭载技术标准平台的多样性，扩大了技术标准的市场影响力。技术标准价值是否能够实现需要经过市场上消费者的检验，为了获得消费者的接受与认可，企业在技术标准化过程中，以标准技术为基础，研发生产出一系列标准产品，以满足不同消费市场的需求。企业通过标准产品实现对消费市场尽可能的渗透，让更多消费者接触与体验了新标准技术带来的好处，提高了市场对新技术标准的满意度，进而提升了标准技术在市场上的竞争力。如围绕 iSO 操作系统，苹果公司开发出苹果系列手机，电脑，音乐播放器等硬件产品与 iTunes、Safari 与 Final Cut Pro 等一系列软件产品，让有不同需求的用户都能选择自己所需要的产品，对市场的积极开拓，使得苹果公司成为 2016 年全球 100 家最具价值品牌的第一名。

综上所述，尽管在技术标准化实现过程中困难重重，但出于技术与经济方面的考量，即为了尽可能地提升企业自身技术市场影响力，获取更多市场收益，如图 3.1 所示，参与技术标准化的企业队伍越来越庞大。

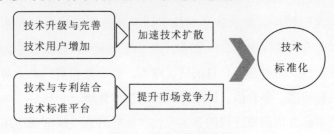

**图 3.1　技术标准化动因**

## 3.2　技术标准化阶段分析

技术标准化发展主要经历了"研发—产业化—市场化"三个阶段[186]，在每一阶段中，标准技术与对应的外部市场环境都呈现出不同的特征。

### 3.2.1　技术标准研发阶段

企业技术标准化的实现离不开企业在技术方面的创新，因此，技术标准研发阶段主要进行的是技术研发活动。在一般情况下，企业所掌握的技术专利在技术标准体系中的位置越核心，该企业在技术标准化过程中获得的经济收益就越高。同时在技术创新过程中，先行者可凭借领先的技术获得持久的竞争力。获取标准带来的高额收益与先发优势，进而取得标准竞争的胜利[141,187]。在技术标准研发初始阶段，众多高技术企业都不断发展自身技术，以期望自身技术成为技术标准的核心构成技术。但由于此阶段市场内关于技术标准未形成统一的规范，且行业内各企业间研发的技术存在一定相似性，此阶段企业间在技术方面开展的竞争异常激烈。除新标准潜在构成技术之间开展的竞争外，因为不愿意放弃对市场的掌控力，新标准技术还需面临不情愿退出市场的现有技术标准的压力，这也为新标准技术的顺利研发制造了许多障碍。

经过一段时间的各自发展，若某一企业的研发技术或技术性能先进，得到政策支持或市场认可，则该企业掌握的技术就有可能成为主导，变为新技术标准的核心构成技术。对技术标准的核心构成技术，掌握的企业一般采取"技术专利化"策略，将技术转化为专利，构筑技术壁垒，以占据市场竞争中的优势地位。技术标准构成的核心专利确定后，市场上高技术企业间技术竞争减弱，纷纷转向以确定的核心专利为创新活动确立目标，进行互补/配套技术的研发活动。技术标准的"专利池"特性，要求确立的技术标准具备基础核心专利体系，单个高技术企业掌握的专利难以满足这一要求。为了进一步丰富标准技术创新体系，提升技术标准兼容性，同时节约自身的研发成本，核心专利掌握企业对市场上的相关技术专利进行筛选、整合后，链接形成新的技术标准。

考虑到技术标准化的最终目的是实现技术标准的大规模市场应用，在完成上述关于标准核心技术体系的构建后，企业还应采取一定的措施，如进行相关标准产品的研发与推广，以检验技术标准的可应用性及市场对新标准产品的接受程度，从而尽可能降低后续标准化活动中存在的技术与市场风险。因此，在技术标准化研发阶段，企业主要进行的是标准技术与相关标准产品的研发活动。

### 3.2.2　技术标准产业化阶段

技术标准产业化阶段的主要目标是将初步完善的标准技术体系转化为一定规模的标准产品生产，通过标准产业链的构建与完善，进一步扩大技术标准在产业内的应用范围，将企业技术标准上升为行业标准。为实现此目标，在技术方面，不同企业围绕标准核心技术体系，进行配套技术的研发，尽可能地丰富标准技术构成体系，提升技术标准的实用程度与扩大标准的应用范围。

技术标准在标准产业链中企业的扩散，是技术标准上升为行业标准的重要条件，同时也是发挥技术标准行业规范指导作用的前提。但一项技术标准中的技术专利数量较多，专利单独进行许可使得交易成本大大上升，对标准专利的整合与"一站式"授权许可方式就成为解决这一问题的有效途径。标准专利整合是指将标准技术专利按照一定的规则与需求进行融合的过程。经过专利整合，筛选出了有价值的标准技术专利，在提高标准专利体系的融合程度的同时，提升了标准的应用价值。而技术标准许可则是将整合的标准技术授权给产业链内的企业，利用这些企业各自掌握的资源，对技术标准应用进行深入开发。

作为技术标准化发展的中间阶段，在产业化阶段要完成的另一重要任务是通过标准产业链内企业间开展的合作，共同研发生产出种类与数量都丰富的标准产品。这样一方面可对构建的标准技术体系实用性及应用过程中还存在的不足进行检验，以便及时进行补充修正；另一方面也为下一阶段标准的大规模市场扩散奠定基础。如在 TD-SCDMA 标准的产业化过程中，首先是大唐、中兴、华为等企业对 TD 标准的完善与整合，截至 2006 年，各企业拥有的专利比例如图 3.2 所示。

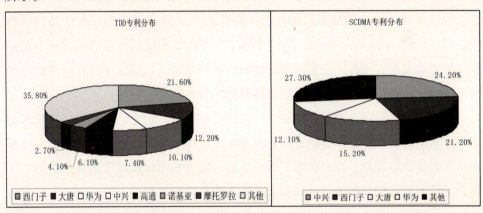

数据来源：诺盛电信咨询公司发布

图 3.2.1 TDD 专利分布　　　　　　　　图 3.2.2 SCDMA 专利分布

**图 3.2 TD-SCDMA 标准专利分布**

接着为实现 TD-SCDMA 标准在产业链内的扩散，标准持有企业将技术标准向通信产业内的其他企业，如芯片制造商、软件开发商、系统测试商、硬件设备生产商等进行许可。随着产业链完善，TD-SCDMA 芯片、数据卡、手机等各项标准产品相继实现成功研发生产，最终推动 TD-SCDMA 标准成为我国通信行业标准。

### 3.2.3 技术标准市场化阶段

在完成标准技术体系与标准产业链构建后，进入了技术标准市场化阶段。此阶段的主要目标是最大限度地扩大标准用户规模，推动产业技术标准上升为市场事实标准。驱动此目标实现的动因有：首先，技术标准研发阶段与产业化阶段是投入成本高，而产出较少的阶段。为了将此前累积的技术优势转化为经济效益，企业要迅速建立起大规模的标准用户；其次，为获取技术标准带来的竞争垄断价值。市场事实标准确立后，依据事实标准具有的网络外部性理论与用户锁定效应，可以设置市场进入壁垒，给标准制定企业带来垄断竞争优势。这也是高技术企业技术标准发展的关键阶段。

为此，企业采取的措施有：（1）丰富与标准相关的产品。技术标准产品的产业链已经完善，有能力生产制造大量的标准产品。在面对市场竞争时，希望争取到最大规模的用户基础，仅依靠产品质量和数量上的优势并不能成功。希望用户选择企业设定的标准，就要不断提升标准产品种类、性能，增加与现有标准产品互补或兼容产品，满足不同用户的多样化需求，提高用户的标准产品使用价值。（2）进一步拓宽标准市场推广渠道。要快速实现技术标准市场化，不仅是在标准产品方面有提升，还要尽可能地利用各种渠道，以最快速度将标准产品推向市场，让更多的消费者能够了解与接受新的技术标准。

进入市场化阶段，除了要对标准产品进行推广外，企业还面临着来自技术与市场方面的挑战。在技术方面，随着标准技术上存在的问题的逐步解决，标准技术体系趋于成熟稳定。在此状态下，一方面，随着技术标准的市场快速扩散，大量企业开始掌握标准技术，领导企业的市场垄断优势被打破。另一方面，技术标准能带来的市场高收益，使得市场上的技术模仿者与竞争者增多。在内外双重压力下，为维持企业自身技术市场竞争力，巩固已经形成的技术壁垒，企业在现有技术基础上进行技术创新，新一轮的市场技术标准竞争处于酝酿状态。在市场方面，技术标准经过产业化阶段后，标准产品工艺设计与生产方面得到改进，生产成本大幅降低，使得市场上关于标准产品的竞争加剧。与此同时，新技术标准进入市场，争夺原有标准的用户，两代标准间对市场份额的划分展开激烈竞争。

综上所述，如图3.3所示，技术标准市场化的实现是一个循序渐进的过程，在这一过程中，标准技术不断完善与成熟，标准产品体系不断丰富，技术标准市场应用范围与市场影响力不断扩大。

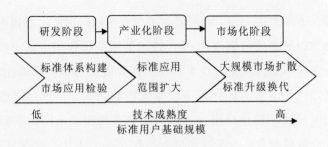

**图 3.3 技术标准化过程**

## 3.3 技术标准化能力形成动因

技术标准化的成功实现能给参与企业带来巨大的竞争优势与丰厚的经济回报，吸引了大量的企业加入其中，但无线局域网鉴别与保密基础结构（简称WAPI）、增强型多媒体盘片（简称 EVD）等标准化的失败事例表明，并不是每一项技术标准化都能顺利实现，这说明技术标准化过程仍存在着许多的问题。在对技术标准化实现过程及特征分析的基础上，影响技术标准化实现的因素主要有技术、市场与资源等。但挑战中往往蕴含着机遇，如何在不同因素的影响下，寻求更大的发展，就对联盟核心企业提出了更高要求。

### 3.3.1 技术不确定

不确定是指信息不完整或未知的一种状态，是一种不可直述的模糊未来[188]。不确定产生的主要原因在于现有信息的不全面以及未来发展的多样性。技术标准化过程中，技术的不确定性则是指标准技术发展具有的不确定性。

#### 3.3.1.1 技术起源不确定

技术起源的不确定主要包含了两层含义：（1）技术知识基础构成不确定。技术创新并不是无端开始的，技术创新理论将技术创新看作组织对知识的获取、积累、整合与扩散的过程，一项技术的创新就是对知识元素进行重组的结果[189]。这些知识元素从知识来源的角度分为组织自身拥有的内部知识与外部学习获得的知识，组织整体与组织内个体的知识，从类别的角度分为信息、科技、人力等各项知识。由于各标准化参与企业的性质、结构、所处行业及外部环境的不同，企业边界的模糊性与动态性，个体与组织的融合趋势，以及不同类别知识的交叉影响，不同来源、不同类别的知识元素发生了交互作用。因此，难以准确对企业组织技术创新的知识元素进行划分。（2）技术知识基础作用方式不确定。仅拥有大量的知识元素并不能真正完成技术创新，企业通过对不同知识元素进行积累、整合，在各项知识元素的共同作用下，完成技术创新。但这一过程到底如何进行，是不同知识元素的整体合成、元素间的交叉作用，不同元素间先合成后分解，或者是先分解后融合？由于技术创新过程是一个无法直接观察的复杂系统，这一作用过程仍是一个未解之谜。

### 3.3.1.2 技术发展方向不确定

在市场需求与技术推动的作用下，技术在不断向前发展，但由于技术发展路径与创新模式的未知，使得技术发展方向变得不确定。

技术路径也被称为技术轨道，指某产业在技术发展上的所有方向，是一组解决某一问题的相互关联的方法[190]。技术路径在其发展过程中，会受到技术、经济与环境的影响[191]。首先，技术路径以科学技术为基础，技术的积累与进步决定着技术路径的形成[192]；其次，市场需求、价格等经济因素影响着技术路径发展的速度与周期的长短[193]；最后，政策、制度等环境因素对技术路径发展镜像有调整作用。在这些因素的影响下，针对某一技术问题，可能会出现多条技术路径。在企业技术创新活动中，技术路径代表了企业技术创新的方向[194]。技术路径的多种选择导致企业技术创新方向的不确定。

技术创新模式是企业开展技术创新的方式与途径，依据创新来源与创新过程的能力需求，技术创新模式一般分为自主创新、模仿创新与合作创新三种模式[195]。自主创新是企业通过自身努力，产生技术突破，攻破技术难关，并依靠自身能力完成后续技术创新活动，实现技术商品化，获取经济收益，达到预期目标的活动。模仿创新则是企业通过学习先行者的创新思路与行为，吸取其成功的经验与失败的教训，引进或破译其核心技术，并在此基础上完成企业的技术创新[196]。而合作创新则是不同企业投入各自优势资源完成共同的目标的创新行为。由于企业开展技术创新的模式往往不单一，而是不同模式之间的相互使用，因此，企业技术创新的方式最终难以确定。

### 3.3.1.3 技术应用不确定

企业进行技术创新的最终目的是实现技术应用，同时这也是衡量一项技术是否成功的标准。技术应用的不确定主要为实现技术应用的时间不确定与技术应用的领域不确定。

技术实现市场应用前要完成技术的研究、发展与完善，确保技术的创新性与实用性能达到市场应用的要求。这些活动都需要企业投入相当的时间。但在企业资源、经济水平、政策制度等因素的影响下，企业能否完成或完成这些活动的时间往往难以预估。因此，技术实现市场应用的时间就不能确定。从图 3.4 中通信技术标准的发展史可以看出，从 1G 到 2G 经过了 5 年，2G 升级到 3G 经过了 11 年，而 3G 到 4G 则花费了 13 年的时间，由此可知通信标准技术的更新换代，实现市场应用的时间并不确定。

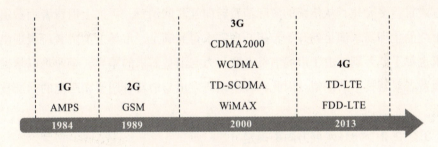

**图 3.4　通信技术标准发展史**

在技术创新过程中，技术知识基础中不同类别知识因素的相互融合，对应研发的技术也蕴含了不同学科、不同知识的特点，使得该技术具备了应用到不同的学科领域的条件。典型案例是在生物、物理与数学等学科基础上发展起来的计算机技术，其应用范围囊括了工业、农业、文化教育、医学等各个领域。此外，随着全球产业链中制造业与服务业逐渐融合，生产方式由原来的大批量、集中式生产转向了小批量、分布式生产，全球产业链结构也随之发生了调整。这直接影响着技术在产业链不同模块中的应用，如原来的技术可能只在硬件设备制造模块中应用，但服务与制造的融合，使得技术的应用范围扩大到了终端的零售模块。

综上，尽管技术来源、技术发展方向与技术应用存在着不确定性，使得标准化技术的发展充满着未知与风险，但技术的不确定同时也为核心企业集中自身优势，进行自主技术创新提供了一个宽松环境。

### 3.3.2　外部市场不确定

#### 3.3.2.1　标准市场潜在消费需求不确定

潜在需求是指消费者有明确的意识，但因各种原因而没有显现出来的需求，多出现在新兴产品市场上。潜在需求不确定的原因主要有：第一，市场上消费者的购买力在不断变化。购买力是消费者购买产品或服务的能力，通常会受到国家的经济水平、社会文化与国民的受教育程度等因素的影响。因此，在经济水平、文化和教育水平不同的地区，市场消费者购买力也各不相同；此外，消费者的经济收入与文化程度也使得个体消费者的购买力各异。第二，市场消费需求呈现个性化、多样化趋势。在消费者经济能力日益提高的背景下，市场满足消费者需求的方式日益多元化，从传统的实际消费转向互联网消费。再加上消费者消费追求从单纯的生理需求满足到开始希望心理需求得到满足，市场上消费者所表现出的需求也都千差万别。由于市场消费者购买力与消费需求的差异，企业难以掌握潜在消费者对新技术的期望。因此，就难以研发出与消费者期望相匹配的标准技术体系。

#### 3.3.2.2　市场发展方向不确定

市场发展方向指处于未来的市场状态，其最终结果受到技术、经济和环境等多种因素影响。第一，技术通过决定社会信息与资源的获取方式影响着市场的发展。如随着互联网技术的发展，人们从只能在小范围近距离获取信息到即时获取到世界范围内的信息。同时资源获取方式也由原来简单的自然获取到各种工业、化学的开发获取。这些变化使得市场由最初的简单交换飞跃发展到了今天的全球市场一体化。第二，经济作为市场发展的重要因素，从不同层面影响着市场的发展方向。一方面，当前市场经济水平通过影响消费者对市场的需求，从而影响市场的转变方向；另一方面，不同经济水平下，供需原料的价格影响着市场结构的变化。第三，政策、制度等外部环境也在一定程度上影响着市场的发展。国家政府出于不同的需要，通过制定一定的政策措施，对市场发展进行调控。在不同因素的共同影响下，企业难以精确预测市场未来发展方向，制定出主导未来市场的技术标准，成为市场领导者。

#### 3.3.2.3　市场技术竞争环境不确定

在技术标准化过程中，高技术企业间围绕技术标准开展的竞争异常激烈。这些竞争主要分为两种类型：一种是同一类型技术研发企业之间的竞争。这些企业的核心技术存在一定的相似性，彼此间存在的竞争较为直接，竞争的结果往往是失败的一方被市场淘汰。另一种是不同类型技术研发企业之间的竞争。不同类型的技术间竞争较为间接，竞争的结果可能是在不同的市场上彼此共存。技术竞争的最终目的都在于抢先开发出成为市场主导的技术。但由于市场信息技术的不充分，某一高技术企业难以完全了解市场上竞争者的数量及其技术发展情况，因此，在技术标准制定过程中，高技术企业常进行重复或无效研发，从而造成资源的浪费。

与此同时，消费需求的多样性给核心企业研发技术的应用提供了市场，而激烈的技术竞争则有利于核心企业积累研发经验。为此，促使核心企业不断提升消除不确定性的能力，以降低市场不确定性带来的不利影响，充分利用随之带来的发展机遇。

### 3.3.3　单一企业资源有限性

技术标准化的顺利实现，需要整合大量的资源。一项标准技术专利的研发，单一企业需具备的资源有研发、管理与信息等各项资源。研发资源包括研发资金、研发人员与研发设备等，是技术专利研发进行的基础；管理资源则是管理企业运行及项目开展所需的资源，是技术研发顺利进行的保障；而信息资源则是研发企业了解外部市场现状所需的资源，能有效加速技术研发的速度。对大多数企业来说，其所具备的资源能够完成一项技术专利的研发。但一项标准技术体系的构建与完善需要整合数量众多的技术专利，单一企业所掌握的资源难以完成这项活动。

标准相关产品的开发生产，同样需要各项资源。首先，企业需要研发资金、人员与设备等研发资源来完成标准新产品的开发；其次，战略资源的存在是决定标准产品类型与市场定位的关键；最后，生产资源是将研发的标准产品进行规模化生产的必备条件。一般情况下，单一企业可能具备完成一种或几种标准产品的研发生产，但技术标准化实现过程中涉及的标准产品种类与类型都非常丰富，单一企业的资源难以实现这一目标。且除了相关的标准产品外，实现技术标准价值的最大化，还需要提供大量的配套/互补产品与服务，这对资源的数量与质量提出了更高的要求。

最后是技术标准化实现的关键——标准产品的市场推广。实现标准产品的大规模市场推广需要的资源有营销资源，包括渠道资源、品牌资源与客户资源。渠道资源是消费者快速接触标准产品的途径，品牌资源有助于加快消费者对标准产品的接受时间，而客户资源则降低了标准产品的市场推广成本。单一企业拥有的营销资源使其在有限的市场上有了一定的影响力，但仅依靠自身，还难以在大范围内扩大技术标准的影响力。因此，对技术标准化中研发、产品生产与市场推广等相关资源的需求，促使核心企业通过提高标准化能力来获取、整合、配置多样性资源，以克服单一企业资源不足的制约，成功实现标准化。

综上所述，如图3.5所示，面对着技术标准化中在技术、市场与资源方面的挑战，为了推进技术标准化的实现，企业需运用技术标准化能力将这些挑战转化为企业标准化发展的机遇。

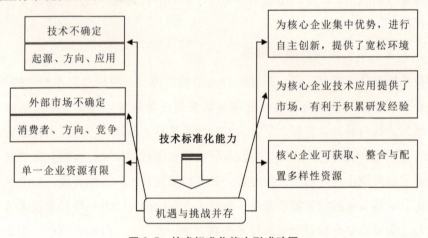

图3.5　技术标准化能力形成动因

## 3.4　技术标准化能力形成基础

由于技术标准化能力是以技术标准联盟为载体，在技术标准化不同阶段为其提供各项资源并推动其成为市场事实标准的能力。因此，技术标准化能力形成的基础为异质性企业间的协同合作与技术标准扩散。

### 3.4.1　异质/互补性资源企业间协同合作

资源基础理论（RBV）假设指出企业资源是难以流动且难以复制的，这些稀缺资源是企业持久竞争力的源泉[92]。Lambe 等认为在商业联盟中，互补性资源是商业联盟取得成功的关键[197]。战略联盟的存在，是企业以较低成本获取异质性资源的有效工具，同时企业通过战略联盟获取和利用互补性资源来维持与增强企业的核心竞争力[198]。技术标准化是一个涉及技术、市场与信息等多方面资源的过程。为此，拥有标准核心技术的核心企业需寻求掌握相应资源的企业进行合作，以技术标准化为核心构建技术标准联盟。技术标准联盟的组织形式解决了标准化过程中对资源的需求。

但由于标准化中某一技术模块的研发成功与否往往建立在与之互补配套的"先行"技术基础之上，相关配套技术的缺失将会导致该技术模块面临较高的失败风险或无法实现商用[199]。因此，仅在标准化过程中提供异质/互补资源还不能真正产生作用。为了发挥资源的最大效用，企业间必须围绕技术标准开展协同合作。Ansoff（1957）最早提出了协同的概念，他认为协同是在资源共享的基础上企业间的共生共长的关系，使得企业的整体价值大于部分价值的总和[200]。协同合作的形式提升了资源的使用效率与联盟的运行速率，有助于加快标准化的实现。

### 3.4.2　技术标准扩散

技术标准扩散本质上是以技术标准为基础进行的产品生产和销售[201]。斯通曼曾认为，如果一项新技术没有得到广泛的应用，那么它将不以任何物质的形式影响经济[202]。因此，技术标准化实现的重要标志之一就是得到广泛的市场应用。在技术标准化中，标准扩散包含两个层次：第一个层次是标准的产业间扩散。在技术研发期完成标准技术体系构建后，核心企业不断吸引产业内其他厂商参与标准建设。通过标准相关配套设施产品的共同开发，实现标准在产业内企业间的扩散，推动联盟标准上升为产业标准。第二个层次是标准的市场扩散。标准的市场扩散是指将种类丰富的标准产品提供给消费者，扩大标准的市场基础，提升标准影响力，进一步将产业标准发展成为市场事实标准。因此，联盟内异质/互补性资源企业间协同合作和技术标准市场扩散是技术标准化能力形成的基础。

## 3.5　技术标准化能力构成

面对技术标准化过程中存在的障碍与企业标准化能力形成的基础，一方面，企业需要通过技术研发与提供资源完成技术标准扩散。另一方面，需通过管理帮助联盟内异质/互补资源企业间协同合作的有效进行。因此，企业技术标准化能力主要由研发能力、管理能力和关系能力构成。

### 3.5.1 研发能力

研发能力是一种可衍生出新技术与新产品的能力[203]。其范围涵盖了企业对新知识的探索，开发出新产品及既有衍生产品的能力[204]，也包含了对组织技术努力及技术能力发展的方向与强度。在技术标准化中，研发能力是标准化进行的基础。

#### 3.5.1.1 研发能力与标准技术

标准技术专利能否顺利的研发，决定着技术标准化能否顺利的进行。但技术专利研发过程中存在着许多问题，需要企业具备研发能力来解决这些问题。首先，正确专利研发方向的选择等于标准化成功的一半。睢平在对贝尔实验室的技术创新成果进行研究的基础上，指出好的创新方向选择有可能带来重要的创新成果[205]。其原因在于正确的研发方向一方面可为企业节省研发投入，另一方面能更快地获得市场接受。对标准专利研发企业来说，选择正确的研发方向，在推动自身技术成为标准核心构成专利的同时，也能进一步加快技术标准的市场应用范围。因此，高技术企业首先对标准核心技术进行预见与选择，即在现有信息的基础上，对技术发展趋势进行预测，把握技术研发方向。同时，依据企业制定的标准战略目标和自身条件，选择独立开发还是引进开发等标准技术开发方式。

其次，技术专利研发需要投入大量的资金与人员等研发资源。张墨等（2015）对《中国科技统计年鉴（2010—2014）》中数据进行了分析，结果发现研发经费、研发人员之间的相互配合与专利产出之间基本上呈现出正比的趋势[206]。换而言之，企业如果想要尽可能多地研发出高质量的标准技术构成专利，研发成本的投入就必不可少。最后，研发资源的整合有助于提升专利研发的效率。近年来中国的很多企业在技术研发方面投入了大量的资金，但研发效率相对国外仍较低，其中的一个重要原因是研发资源的低效利用。为了提高研发的效率，减少资源的浪费，按照技术需要对研发资源进行合理配置是一个有效的选择。

研发能力的加强，不仅影响着高技术企业自身的标准技术专利研发，同时也影响着联盟内其他成员的研发活动。因为只有具备研发与新技术兼容/互补技术的成员企业才能在联盟组织内获得发展，否则就会被联盟组织淘汰。

### 3.5.1.2　研发能力与标准产品

标准产品是技术标准扩散的重要载体，掌握着标准技术专利的企业，为获取更高收益，除对专利进行许可外，还应对基础专利进一步开发。在标准产品的开发过程中，获取、使用和创造新知识是这一过程顺利进行的关键影响因素[207]。企业通过个人与组织的学习，不断积累知识，提升企业研发能力，进而提升标准产品开发的绩效。除开发出标准产品外，企业同时也对标准产品的相关衍生产品进行了开发，这一方面有助于降低企业研发的成本投入，另一方面有利于提高消费者的消费效用。其原因在于：在标准产品的基础上进行衍生产品开发，利用了标准产品开发的相关资源，避免了资源的重新投入；标准产品与衍生产品的相互配套，可使消费者在消费相关产品时获得额外的效用，加强了技术标准对消费者的吸引力。此外，研发资源的投入与对市场的预测也直接决定着标准产品研发的成功。因此，研发能力也是开发出符合市场需求的标准产品的必要条件。

## 3.5.2　管理能力

如果说研发能力的存在是为了完成标准化过程中的相关技术创新活动，那么管理能力的存在，就在一定程度上提升了完成这些活动的效率。

### 3.5.2.1　管理能力与标准技术

技术标准化是一个庞大、复杂的创新过程，不仅在企业内部展开，同时还需与外部企业进行协同合作。因此，管理能力包括企业内部管理能力与围绕标准形成的标准联盟管理能力。在企业层面，通过对企业进行有效管理，如企业内部标准技术知识管理，各部门间的沟通协作，与外部环境的信息交流等。企业内部的标准技术知识管理保证了标准技术知识在企业内的流动与共享；各部门间的沟通协作保证了研发所需各项资源的合理分配；而与外部环境的信息交流则降低了标准技术研发面临的市场风险。这都为企业开展标准技术专利研发提供了坚实基础。

标准联盟作为技术标准过程中发挥作用的重要组织，对联盟进行管理也不容忽视。傅慧与朱雨薇（2012）认为联盟管理能力的本质是各合作主体能够对联盟各项合作进行管理进而获取联盟收益的能力[208]。通常由沟通、协调与黏合能力等三个维度构成[175]。联盟成员间通过有效的沟通、协调与黏合，促进各成员企业之间协作研发的高效开展，保证了成员间研发技术的相互配套，整体提升了标准技术体系的融合度与竞争力。因此，只有具备联盟管理能力，才能使联盟成功的概率最大化[209]，从而推动标准技术体系的构建。

### 3.5.2.2 管理能力与标准产品

在标准产品的开发过程中，为缩短开发的周期，加快技术标准的扩散，企业实施的管理措施主要有：正确选择标准开发产品，合理配置资源，建立通畅的沟通渠道等。标准开发产品的正确选择保证了后续技术标准市场应用的成功；合理的资源配置则降低了企业的研发投入；而信息沟通渠道的通畅则保证企业整体层面对标准产品开发需求的准确了解，明确企业内部各部门、各人员的职责，从而加快标准产品开发的进度与提升标准产品的质量。

对标准联盟来说，联盟的网络结构，网络的关系强度影响着标准产品的开发。为此，匹配的合作伙伴选择，联盟内成员间知识的流动与成员间的利益分配等就成为联盟管理能力的主要内容。首先，合作伙伴的正确选择一方面保证了标准产品开发所需各项资源的合理投入，另一方面特征各异的成员企业之间存在的竞争强度相对较低，保证了合作的顺利开展；其次，联盟内成员的知识流动保证了标准联盟作为一个整体的工作运行效率；最后，标准带来收益的有效分配可以保证联盟内成员协作的积极性。

### 3.5.3 关系能力

除研发与管理能力外，技术标准化实现还需要关系能力，这些关系包括合作关系，同时也包含了竞争关系。合作关系是企业间基于各自的利益而建立的存在于市场与组织间的协议关系，这一关系的建立源于企业间资源的交易行为[210]，其中包含了共享信息、共担风险与共享利益[211]。一方面，在技术标准化中，企业面临的市场环境不确定性与复杂性在与日俱增，随之给标准化实现带来的风险也在不断增加，但每一个参与其中的企业只能或多或少地获取与其相关的部分信息。为了获取更多的信息从而降低标准化中的风险，企业间进行了合作。另一方面，在单一企业实现技术标准化所需资源限制的情况下，企业间往往存在资源交易行为。许淑君等认为当企业间存在合作关系，且这一合作关系越稳定，企业间的交易成本就越低[212]。因此，为降低成本，提高彼此收益，企业间选择了合作。

　　竞争关系产生与存在的主要原因在于组织间具有相同的利益目标或需求的资源具有一定的稀缺性[213]。企业在推进技术标准化发展的过程中，由于企业目标都是获取标准带来的收益，在保证技术标准化整体目标实现的前提下，企业间为获取更多的标准收益而展开竞争；此外，资源的稀缺性也会导致同质性企业为了各自的生存发展而展开竞争。因此，竞争关系是核心企业在标准化发展过程中必然存在的关系。但竞争关系的存在，使得核心企业可以了解目前技术市场的发展水平，从而采取正确措施。同时，竞争带来的压力也在一定程度上推进核心企业以更快的速度向更好的方向发展。

　　研发能力、管理能力和关系能力三者之间的关系如图 3.6 所示。在标准研发阶段，企业集合内部研发资源进行标准核心技术研发。同时依据标准技术的发展方向，选择合适的联盟合作伙伴，开展协同合作以确定标准构成技术体系。在确定标准技术体系后，进入标准产业化阶段，市场需求逐渐清晰。企业依据市场信息，不断调整技术研发的方向，构建标准产业链，推动标准成为行业标准。到了标准市场化阶段，企业通过整合产业链上企业间资源，丰富标准产品的种类与数量，将生产的标准产品推向市场，满足消费者对标准产品的需求。

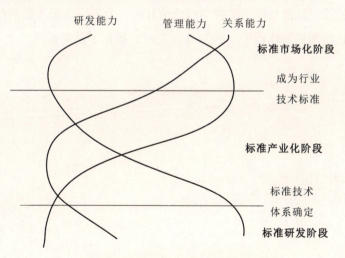

**图 3.6　技术标准化能力构成要素关系**

　　因此，标准化能力构成要素相互联系、相互影响，共同推动标准化发展。但技术标准的每一次进步都是在前一项标准的基础上进行。对应的标准化能力变化并不是一个重复的过程，而是伴随着标准化发展不断螺旋上升。

## 3.6　本章小结

本章主要论述技术标准化能力与技术标准化之间的关系。首先，描述企业为了实现加速技术扩散与提升市场竞争力等技术和经济目的而推动企业自身技术实现标准化，而技术标准化的实现受技术、市场与制度等因素影响，且需经历研发、产业化与市场化三个阶段，在标准化不同阶段技术标准呈现出的特征与对资源的需求有所不同。接着对技术标准化能力形成的动因与基础进行分析，认为在技术标准化实现面临着技术不确定、外部市场不确定与单一企业资源有限等的挑战下，为了获取挑战中蕴含的机遇，联盟核心企业需要运用并不断提升技术标准化能力。同时异质/互补资源企业间的协作与技术标准市场扩散为标准化能力的形成奠定了基础。通过对标准化能力形成动因与基础的分析，结合标准化发展特征与资源需求，提出技术标准化能力是由研发能力、管理能力与关系能力等三个子能力构成，并利用三螺旋模型分析框架对这三个子能力间的关系进行了分析，认为其在推进标准化实现过程中相互联系、相互作用、共同推进标准化实现。对技术标准化过程、标准化能力形成与构成的分析，为进一步深入分析技术标准化能力对标准化实现的具体作用（四、五、六章）提供了前提条件。

# 第4章 | 标准化过程核心企业研发能力

研发能力是技术标准化实现的基础，直接影响着企业参与制定技术标准的市场竞争力。标准联盟核心企业具备的研发能力不仅能解决标准化过程涉及的技术问题，同时也能通过技术匹配优化、调整联盟成员结构。本章节主要从标准技术研发和标准产品开发两个方面对联盟核心企业的研发能力进行探讨。

## 4.1 标准化研发内容

技术标准研发是一项庞大而复杂的工程，内容涉及多个方面，按照研发深度的不同，技术研发内容分为基础研究、应用研究与开发研究。

### 4.1.1 基础研究

基础研究是认识自然，探索自然规律，从而获取新知识的研究活动[214]。从定义可知，基础研究的主要目的是为了解现象或事实的基本原理，如法拉第对电磁感应现象的发现，麦克斯韦提出的电磁波理论，都为后续发展开拓了广阔的前景。文剑英（2007）从不同的角度指出了基础研究具有以下的属性特征[215]：

（1）在目的方面，基础研究只是为了生产某种知识，没有明确的直接目的；

（2）在效用方面，基础研究能在一定程度上增进了人们对某些现象与事实的理解；

（3）在研究结构方面，基础研究开展的中心主要是大学和研究机构；

（4）在时间限制方面，基础研究成果应用经历的时间跨度很长。

从基础研究的属性特征可知，完成基础研究所需时间长，投入成本高，且应用不确定，最终能给企业带来的收益也不确定，这导致企业对基础研究的投入较少。但 Rosenberg 的研究却指出：首先，企业进行基础研究可为企业带来先行者优势（First-mover Advantage），也就是说先行企业可将基础研究成果转化为技术专利，并通过专利保护巩固其市场。其次，企业通过开展基础研究与大学等研究机构开展互动交流，扩大其信息网络。最后，企业基础研究成果有助于企业未来应用研究工作的开展[216]。此外，Cohen 和 Levinthal 指出企业投资基础研究有助于增强企业吸收能力，同时在基础研究中获得的相关背景知识，有助于企业开展技术创新活动[217]。

综上，尽管基础研究的开展面临着成本高、耗时长、收益不确定等挑战，但通过开展基础研究，核心企业可率先将研究成果转化为标准技术体系构成的核心专利，并凭借核心专利的优势地位，在未来技术标准市场竞争中占据主动；同时核心企业与具备相关资源的研究机构就基础研究开展的交流合作，也为后续联盟相关合作伙伴的选择做好了准备；最后，基础研究获得的成果是联盟核心企业开展标准技术创新与技术标准市场扩散的重要基础。因此，基础研究是技术标准化实现的重要前提。

### 4.1.2　应用研究

应用研究主要是运用基础研究得到的基本原理，针对某一特定目标而进行的创造性活动，进而提出针对性较强的应用理论，其目的主要是解决当下面临的实际问题。如西门子在电磁感应原理的基础上制成了励磁电机，赫兹则在发现电磁波的前提下发明了电磁波发生装置，为无线电通信的使用奠定了基础。与基础研究相比，应用研究通常只在某一专门领域进行，且将得到的结论进行实际应用，能创造一定的经济价值。

面对标准化实现过程中研发方面存在的具体问题，针对性强的应用研究就必不可少。一方面，企业对基础研究得到的标准技术体系进行初步研究，通过开展应用研究探究标准构成基本技术体系的实际应用价值，比较衡量哪些构成技术适合并能够进行实际应用开发，简而言之，应用研究是基础研究的进一步深化；另一方面，由于标准化每一具体研发方面问题所呈现出的特征与技术标准联盟内企业成员间所掌握的资源各异，联盟通过资源的配置，有针对性的对标准化过程具体技术问题进行资源匹配，可在加快标准化进程的前提下，优化资源利用效率。因此，应用研究的开展，是技术标准化实现的必备条件。

### 4.1.3　开发研究

开发研究又称为技术开发，是将应用研究得到的成果进行生产实践的研究[218]。由定义可知，开发研究主要解决技术标准化过程中标准技术体系的实际应用问题。如电机的发明，将电磁理论应用到了实际生产中，波波夫与马可尼则在电磁波的基础上实现了无线电通信，使得人类进入了电信时代。换言之，开发研究是理论转化为实际的重要步骤。

第一，开发研究是将技术标准化过程通过开展基础研究与应用研究取得的成果，结合现有技术与方法，创造出新的技术标准产品。开发研究的完成，能给企业带来巨大的经济收益，是企业开展基础与应用研究的动力。第二，标准联盟成员企业通过开展开发研究，是对构建完成的技术标准体系实际应用价值的最终检验。经过了漫长和高投入的基础与应用研究，得到的成果是否具有实际价值，开发研究就是必不可少的检验途径。第三，由于开发研究设计程序复杂，所需资源量巨大，通过开展开发研究，可在一定程度上促进联盟内成员间的交流合作，增强联盟整体的黏合度。因此，开发研究是技术标准化成功的关键。

综上所述，如图 4.1 所示，技术标准化研发包含基础研究、应用研究与开发研究等三种类型的研究，三者之间层层递进，基础研究获得的结论是应用研究开展的基础，应用研究取得的成果则是开发研究开展的基础；同时，通过应用研究与开发研究的开展，可对基础研究与应用阶段所取得成果价值的进行检验。

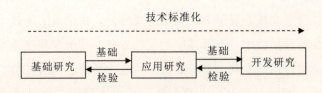

图 4.1　不同类型研究之间的关系

## 4.2　标准技术研发能力

从技术标准化过程技术发展的视角出发，认为解决标准化中技术问题的研发能力表现为核心技术预测、研发模式选择、研发技术完善三个方面；解决标准产品研发问题时需掌握的研发能力主要由研发信息能力与研发技术能力构成。

### 4.2.1　核心技术预测

一般而言，某一企业技术专利在标准技术体系中越重要，该企业在技术标准联盟中的位置就越关键，凭借该技术企业能获取的经济收益与竞争优势就越多。因此，如何预测与选择标准核心技术就显得至关重要。

#### 4.2.1.1 核心技术的重要性

核心技术是企业在一定技术水平下生产某种产品不可或缺的、不可替代的并具有战略性、长远性与取胜性的技术[219]。由定义可知，核心技术的存在，对于企业的发展具有重要的战略意义。（1）核心技术是企业获取市场竞争优势的基础。因为核心技术是某类产品生产所必须的。掌握核心技术的企业一方面可对其进行深入开发，研发生产出独具核心技术特征的产品，占领市场。另一方面，当产业内其他企业计划生产某种产品时，由于核心技术的不可绕过，其他企业或向掌握核心技术企业支付一定的费用或与其合作，来获取核心技术的使用权，这一模式在带动产业一大批新产品诞生、带动产业发展外，也给企业带来了丰厚的回报。因此，凭借核心技术，企业能获得持续的竞争优势。（2）核心技术是企业技术体系构建的基础。核心技术往往是解决某一类技术问题的关键路径，在一定程度上决定着未来技术发展的方向。企业在核心技术的基础上，研发出一系列辅助核心技术发展的配套技术，不断扩大以核心技术为中心的技术网络，推动着技术不断向前发展。

核心技术作为企业核心竞争力的重要组成部分，在企业实施技术专利化策略后，对应转化成为标准技术专利体系中的基础专利。基础专利就是某一时期内某项技术应用中必须使用的专利，是标准技术体系中的核心构成部分。在技术标准化过程中，基础专利的存在，一方面在某一技术领域内率先设置了一道技术壁垒，获得了技术标准制定的先发优势；另一方面，也为后续其他企业开展技术创新提供了技术基础。

凭借着掌握的基础专利，核心企业不仅能在技术标准化发展过程占据主动优势，同时也通过基础专利的进一步开发与许可获取超额收益。因此，对核心技术进行预测是参与标准化过程企业的首要任务之一。

#### 4.2.1.2 技术预测内涵与作用

（1）技术预测的内涵。

1959年，美国学者林茨（R. Lenz）在其一篇关于技术进步测量的论文中首次提出了技术预测的概念。他认为所谓技术预测就是利用已有理论、技术与手段对未来技术发展的状况进行推测和判断。后续国内外学者依据自己研究目的，从预测的功能、目的等方面对技术预测进行了描述。刘育新（1998）认为技术预测是一个综合考虑未来技术、经济与社会发展需要，选择将进行研究的领域与技术，以期获取最大经济与社会效益的过程[220]。Porter 等人（2004）则指出技术预测是描述未来一段时间内出现技术的性能、功能或影响的过程[221]。杨省贵（2008）提出技术预测是在已掌握信息的基础上，分析未来技术发展趋势，目的在于服务企业总体战略目标的实现[222]。Yoon 和 Lee（2012）认为技术预测是预测未来技术发展的趋势与方向，目的是为了更早地发现革命性的技术[223]。尽管不同学者对技术预测的描述有所不同，但总的来看，技术预测都是创新组织在已有信息的基础上，依据自身发展战略目标，对未来技术发展的预测。

（2）技术预测的作用。

对未来技术发展进行预测，是高技术企业实施技术标准化战略的重要任务之一。通过技术预测，高技术企业率先对某一领域的技术进行研发，进而获取领先技术带来的先发优势。一方面，作为某一技术领域的先行者，凭借该技术领域内较为领先的技术，高技术企业能在一定程度上影响技术标准化的发展方向，使得制定的技术标准向更为有利于自身企业的方向发展。另一方面，技术的领先，有助于将对手排除在市场竞争之外，为高技术企业探索技术网络效应与正反馈回路争取更多的时间。

此外，有效的技术预测能减少研发过程的沉没成本。众所周知，技术研发是一项高投入、高风险的活动。当研发技术成功实现市场应用时，才能给企业带来经济回报，失败的研发技术面临着高昂的沉没研发成本。为了使研发投入的成本获得回报，了解未来技术发展趋势，有针对性地对技术研发方向进行投入就变得不可或缺。

因此，有效的技术预测，给参与技术标准制定的企业带来巨大优势的同时，还能降低企业的研发沉没成本，是企业开展标准技术研发首要步骤之一。

### 4.2.1.3　基于专利信息分析的技术预测

尽管关于技术预测有大量的方法，如专家意见法、趋势分析法、检测与智能方法等[224]，但考虑到数据的可获得性与技术标准的专利池特性，通过专利信息分析就成为对未来技术发展进行预测的一种有效方法。

（1）专利信息分析方法。

专利信息分析，即在检索到的专利数据基础上，利用各种方法对专利数据进行识别与分析，进而获得所需信息[225]。专利信息的本质是对专利文献中包含的信息进行分析、比对，从而进行技术发展的趋势预测。专利文献中包含了大量的技术信息，能及时反映最新技术前沿。以中国国家知识产权局为例，通过专利检索，可获取的信息有：①发明人、专利权人、专利申请、公开日期等基本信息；②关于发明专利的基本描述。③专利 IPC 分类号，即专利所属的技术领域。对应的，通过专利分析可获得的技术信息如表 4.1 所示。研发主体在技术信息分析的基础上，对某一领域内技术的发展趋势进行预测。

表 4.1　专利分析信息表

| 专利分析指标 | 技术信息 |
| --- | --- |
| 申请人、申请号 | 专利技术持有人分布及其技术水平 |
| 申请日、IPC 分类号 | 所属技术创新领域及对应时间段内技术领域热点 |
| 专利描述关键词 | 技术水平的详细描述 |

（2）基于专利信息的技术预测框架。

在技术专利申请过程中，批准成为专利的技术需要满足"专利三性"，即新颖性、创造性与实用性。因此，可从这三个专利特征对未来技术进行预测。

①新颖性。在我国专利法中，新颖性指该发明或实用新型不属于任何现有技术，也没有任何单位或个人在申请日前提交过类似申请，并记载在申请日后公布的文件中。在专利数据库检索到的是某一领域的现有技术。现有技术是在一段时间内已公开的，具有一定实用性的专利技术。

对现有技术进行总结分析，一方面，可了解未来技术发展的方向。其原因在于技术发展大多遵循一定的技术轨道，通过了解技术轨道上不同时间点上的技术，可对下一阶段的技术状态进行预测；另一方面，可影响企业技术创新的方向。经过了市场检验的技术专利，其经济性与实用性都得到了市场的接受。企业在同一技术领域进行技术创新时，为降低风险与投入，往往是在现有技术的基础上开展模仿创新或引进创新。因此，通过对现有技术专利发展变化规律进行分析，可对未来技术的发展方向进行预测。

②创造性。创造性是指与已申请的技术专利相比,该发明或实用新型具有实质性的特点与进步。在市场活动中,高技术企业会面临许多技术方面的问题,如果这些技术问题可用现有技术进行解决,那么企业就不会开展技术创新。当现有技术不能解决新出现的问题或已有技术所付出的成本较高时,企业就会开展技术创新,寻找最优解决问题的技术,并将该技术申请成为专利。由于相关技术问题的新颖性与多样性,使得申请的专利具备了实质性的特点与进步。因此,通过对现有专利文献的分析,可对未来技术的创新性进行预测。

③实用性。实用性指该发明或实用新型能够使用,并具有积极效果。一般来说,技术研发需要投入高额的成本,因此,大多数企业进行技术创新的目的是解决面临的技术问题。但仅仅能解决问题,还不是企业所追求的目标。一项技术问题的解决可能有多种方法,企业追求的往往是能够带来正向积极效果的方法,如在保证解决问题的前提下,能节约投入的成本,提高生产效率等。能够达成企业目标的技术专利在技术性能与应用方面都趋于成熟,因此,专利的实用性体现了技术的成熟度。

综上,如图 4.2 所示,通过专利检索,对申请专利的新颖性、创造性与实用性进行分析,进而对技术的发展方向,技术的创新性与成熟度进行预测,从而对未来技术进行有效预测。

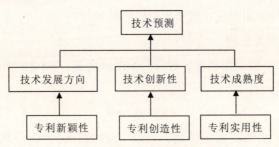

**图 4.2 技术预测框架图**

### 4.2.2 研发模式选择

在标准技术研发过程中,核心企业获取技术的方式主要有两种途径:自主研发与合作研发。自主研发是企业主要通过自身创造性努力,应用新技术、新知识等因素,克服面临的技术难关,获得有价值的研究成果,以依靠自身努力开展后续活动,完成研究成果的商品化,并获取商业利润的活动[226]。合作研发则是企业为完成某一特定技术或产品的研究开发，与其他企业通过形成合作投入组织，共享研发成果的一种模式[227]。

由上述定义可知，对核心企业而言，自主研发模式的选择，对企业技术资源与技术能力的要求相对较高，且研发完成标准技术所需的时间可能相对较长，并影响着最后研发产生的效果。尽管面临着严峻的挑战，但相对于合作研发对技术成果的共享，采取自主研发的企业可独享研发技术带来的丰厚回报。企业技术创新成果不被创新企业独自占有，扩散到其他企业的现象称为技术溢出[228]。技术溢出的存在，影响着核心企业研发模式的选择。

因为标准技术研发具备了高投入、高风险与高不确定性的特征，核心企业希望可以独享标准技术带来的竞争优势与经济回报。但技术溢出的存在，使得其他企业以较低的成本分享了标准技术带来的收益，降低了核心企业自主研发的积极性。因此，核心企业在选择研发模式时，需要考虑技术溢出效应与预期收益影响。

### 4.2.2.1　核心企业研发模式选择模型构建

（1）模型假设。

①假设产业内两家企业的边际成本与技术溢出效应相同；

②企业研发目标都是成本最低与利润最大化；

③企业都受到溢出效应，成本与价格的影响。

（2）两阶段博弈模型。

以 D'Aspremont 模型为基础，假设产业内的企业 $i$ 与 $j$ 生产相同的产品，且对应的市场需求函数为：

$$P = a - Q_1 - bQ_2 \tag{4.1}$$

其中，$P$ 为产品市场需求价格；$a$，$b$ 为参数；$Q_1$，$Q_2$ 分别为企业 $i$ 与 $j$ 的产量。

在研发生产过程中，企业固定成本忽略不计，对应的边际成本为 $c$（$0 < c < a$）。当研发出新技术时，企业 $i$ 能够降低的边际成本为 $c_i$，且

$$c_i = c - x_i - \beta x_j \tag{4.2}$$

其中，$x_i$，$x_j$ 分别为企业 $i$，$j$ 降低的边际成本；$\beta$ 为技术溢出系数。

假设从事研发活动的成本函数为：$y = \dfrac{1}{2}\gamma x^2$，$\gamma$ 为创新率，且 $\gamma > 0$。

综上，企业 $i$ 的利润函数为：

$$\pi_i = PQ_i - c_iQ_i - y_i$$
$$= [a - Q_i - bQ_j] Q_i - (c - x_i - \beta x_j) Q_i - \gamma x_i^2/2 \tag{4.3}$$

在研发阶段投入一定的情况下，为使利润最大化，则满足等式 $\partial\pi_i/\partial Q_i = 0$，由此可知：

$$Q_i^* = \frac{(a-c)(2-b) + (2-b\beta) x_i + (2\beta-b) x_j}{4-b^2} \tag{4.4}$$

（3）研发模式选择分析。

① 核心企业选择自主研发模式。

当核心企业 $i$ 选择自主研发模式时，企业可自主决定自身研发投入。在产量与价格一定的前提下，为了实现利润最大化，企业要尽可能降低成本，即求解 $\partial\pi_i/\partial y_i = 0$，而 $y_i$ 只受到 $x_i$ 变化影响，因此，最终求解等式为 $\partial\pi_i/\partial x_i = 0$。

此时，企业降低的均衡成本为：

$$x_i^* = \frac{2(2-b\beta)(a-c)}{(2+b)^2(2-b)\gamma - (2-b\beta)(1+\beta)} \tag{4.5}$$

相应的均衡产量为：

$$Q_i^* = \frac{(2+b)(2-b)(a-c)\gamma}{(2+b)^2(2-b)\gamma - 2(2-b\beta)(1+\beta)} \tag{4.6}$$

② 核心企业选择合作研发模式。

因为企业 $i$ 与 $j$ 是对称的，两企业合作进行研发时，追求的是两企业的利润达到最大化，即 $\max\limits_{x_i, j=1.2}\sum \pi_i$。此时，两企业的研发成本 $x_i^* = x_j^*$，求解 $\partial\pi_i/\partial x_i^* = 0$，则 $x_i^*$ 与 $Q_i^*$ 分别为：

$$\hat{x}_i^* = \frac{2(1+\beta)(a-c)}{(2+b)^2\gamma - 2(1+\beta)^2} \tag{4.6}$$

$$\hat{Q}_i^* = \frac{(2+b)\gamma(a-c)}{(2+b)^2\gamma - 2(1+\beta)^2} \tag{4.8}$$

此时企业的最大利润为：

$$\hat{\pi} = \frac{\gamma(a-c)^2}{(2+b)^2\gamma - 2(1+\beta)^2} \tag{4.9}$$

③不同研发模式比较。

ⅰ．当 $\beta=\dfrac{b}{2}$ 时， $\pi^{*}=\hat{\pi}$ ，即不论是自主研发还是合作研发，核心企业所获得的利润都是相同的，此时 $\beta$ 的值为技术溢出的临界值。

ⅱ．当 $\beta>\dfrac{b}{2}$ 时， $x^{*}>\hat{x}^{*}$ ， $\pi^{*}<\hat{\pi}$ ； $\beta<\dfrac{b}{2}$ 时， $x^{*}<\hat{x}^{*}$ ， $\pi^{*}<\hat{\pi}^{*}$ ；此时合作研发带来的利润高于企业自主研发获取的利润。在此条件下，核心企业选择合作研发模式。

综合上述分析，从成本的角度出发，当技术溢出值较大时，合作研发降低了核心企业的研发成本，提高了企业的均衡产量，对企业与市场都有利。此时，合作研发是核心企业的最优选择；当技术溢出值较小时，为降低成本，核心企业需加强企业的自主创新能力。此时，自主研发模式对企业的吸引力较大。

从利润的角度出发，不管技术溢出值的大小，合作研发带来的利润都高于企业自主研发获取的利润。因此，核心企业在选择技术研发模式时，要依据企业的实际情况与整体的发展战略要求进行选择。如企业目标是尽可能地扩大技术市场份额、增加收益时，合作研发就成为最好的选择；而企业是为了提升企业技术研发能力、提升企业技术竞争力时，自主研发模式就成了企业的选择。

### 4.2.3 研发技术完善

技术标准由一系列互补/配套的技术体系构成，核心企业在进行标准核心技术研发的过程中，除进行核心技术研发外，还需积极寻找配套技术，以完成技术标准下专利池的组建。

#### 4.2.3.1 专利池的内涵

当专利在技术竞争中发挥的作用日益重要时，专利扩散的成本与时间也随之增加。为了降低扩散成本，提高专利的转化率，不同企业间参与或组建了专利池（Patent Pool）。Lerner 等人（2005）认为专利池是盈利组织之间共享专利权的一种正式或非正式的组织[229]。詹映与朱雪忠（2007）提出专利池是两个或两个以上的专利权人达成相互之间交叉许可，或共同向第三方组织进行专利许可协议的联营组织，或这种安排下的专利集合体[230]。与其他组织相比，专利池具有以下特点：

（1）专利池是一个技术含量高的集合体。一般而言，申请成为专利都是在技术层面上满足了一定要求的技术，这在一定程度上保证了专利的技术含量。但并不是所有专利都能够成为专利池的构成部分，专利只有经过了一定程序的筛选，只有"互补性"的专利才能加入专利池。经过这两道步骤，保证了构成专利池内的是具备技术竞争力的专利。

（2）专利池是结构相对松散，且不进行具体产品生产的组织。在专利池内，一般由各专利持有人与相应的专利许可管理组织组成，各专利持有者之间并不存在明确的分工，且为了保证专利管理的公平公正，管理者这一角色通常由第三方组织担任。因此，与一般分工明确的组织不同，专利池内成员间的联系相对分散。此外，由于专利池组建目的在于专利的整合许可，因此，专利池内开展的相关活动围绕专利许可进行，并不涉及具体的专利产品生产。

作为互补配套技术专利的集合体，在技术标准化过程中，专利池的组建对标准技术体系的完善具有重要作用。

### 4.2.3.2　专利池的积极作用

所谓积极作用，就是专利池这一组织形式对技术标准化实现所产生的推动作用。结合专利池组建的目的与运行的特征，专利池产生的积极作用主要表现在以下方面。

（1）降低了专利许可成本。

专利许可是指专利持有人允许他人在一定范围与一定时间内使用自身持有专利，并收取一定费用的行为。按照专利许可方向的不同可分为单向专利许可与双向交叉许可。

单向专利许可主要是专利权在许可双方之间单向流动。专利权单向流动的主要原因在于专利持有人一方面希望可以获取一定的许可费用，以弥补高额的研发成本；另一方面期望借助专利许可扩大企业技术的应用范围，提升技术市场影响力。被许可方或因为能力不足或因为战略需要，则通过支付一定费用来获取专利的使用权。双向交叉许可则是一种在需要对方专利技术时，相互以有条件或无条件容许对方使用企业自身持有专利的协定[231]。专利交叉许可产生的主要动因是许可双方持有互补专利，互补专利指某项产品蕴含的技术专利中，某一项技术专利的使用能使其他专利的使用价值得到提升[232]。如果按照单向许可方式，互补专利就要在许可双方进行两次，这大大增加了企业双方的成本。

专利池具备的互补专利筛选程序，保证了专利池内的专利的互补性，节约了企业搜寻互补专利的支出。同时为提高企业自身专利的价值，专利池内持互补专利的成员间频繁开展专利交叉许可，提高了专利交易的效率。

（2）有助于标准成功制定。

技术标准成功制定的一个重要标志就是市场用户基础规模达到临界值。因为技术标准作为具有显著网络外部性的"产品"，当技术标准用户基础规模越大时，标准用户能够获得的效用就越大。吕铁认为在网络效应显著的产业内，大量用户基础规模是某种技术范式上升成为技术标准的决定因素。如果存在多种技术范式时，拥有用户基础规模大的企业就成为市场的主导者[233]。

专利池的形成有助于迅速扩大市场用户基础规模：一方面，各专利池成员企业各自拥有一定的用户基础，为推广包含了企业专利的技术标准，各成员企业用户基础进行整合，从整体上大幅度提升了技术标准的用户基础规模；另一方面，专利池对大量技术专利的整合，提升了技术标准的市场竞争力，增强了消费者对新技术标准的信心，在吸引潜在标准用户的同时，有助于技术标准的市场推广。因此，选择互补配套技术，组建技术标准下的专利池，就成为技术标准化过程的重要步骤。

### 4.2.3.3　专利池的构建

对核心企业而言，构建专利池主要就是寻找一系列与企业自身研发技术互补配套的技术，这一过程主要分为以下几个步骤，如图 4.3。

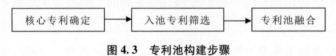

图 4.3　专利池构建步骤

（1）确定专利池核心专利。在正式组建专利池之前，首要目标是确认该专利池的核心技术，这对提高专利池的竞争力至关重要。通常情况下，都是研发出性能较为先进技术的企业，为了提升技术应用效果与扩大技术应用范围，通过构建专利池的形式寻找与企业技术专利相匹配的技术专利。

（2）筛选入池专利。进入专利池的除了是互补配套的技术专利之外，另一个重要的条件是这些专利必须是必要专利。必要专利是指该专利技术是该标准涉及产品或服务所必须的，且是专利权人独占的技术[234]。必要专利的存在，是专利池成员间专利交叉许可开展的重要前提，也是提升专利池整体竞争力的基础。因此，如何评价必要专利，就成为专利池构建的关键。

考虑到专利评估的主观性，往往聘请第三方组织来对入池专利的必要性进行评审。评审专家与专利持有人就如何选择必要专利共同制定评审标准，并以该标准作为选择的依据，决定进入专利池的专利。

（3）专利与专利池的融合。仅确定专利池的构成专利还不够，对专利池实施有效的管理，才能真正发挥各技术专利与专利池的作用。因此，在专利池内设置相应的机构及确定各机构的职能、确定各成员间合作展开的形式、专利对内与对外许可的准则等就成为专利池正式运行前所必须解决的问题。

## 4.3　标准产品研发能力

技术标准市场扩散的重要基础是标准产品的市场扩散。作为掌握基础专利的核心企业，除对专利进行许可外，还应对基础专利进一步开发，为联盟内其他成员提供产品开发方向，刺激加速标准产品的研发，从而实现技术标准的市场快速扩散。因此，标准产品研发能力也是核心企业研发能力的重要构成。

### 4.3.1　新产品研发概述

新产品研发是一个动态、持续的过程。一项新产品的成功研发，需要核心企业具备相当的研发能力。对标准产品研发过程分析，是有效提高相应研发能力的基础与前提。

#### 4.3.1.1　新产品概念与分类

新产品指在产品特性、材料和技术性能等方面具有先进性或独创性的产品[235]。与原有产品相比，新产品具有以下特点：（1）创新性。技术方面，新技术、原理的使用，改进了产品的结构、功能；应用方面，产品的应用范围发生了变化。（2）先进性。新产品的性能、质量得到了明显的提升。

按照创新程度的不同，新产品通常分为三类[235]：

（1）全新产品。全新产品通常指应用新技术、新工艺、新材料研发出的市场上首次出现的产品。因为缺乏相应的经验，新产品的研发往往面临着巨大的不确定性与高额的投入。即使研发成功，也还需经历一个市场消费者接受的过程。但全新产品一旦成功，对企业成为某一市场领域的先行者发挥着重要作用。如索尼随身听的研发，对索尼公司的飞速发展功不可没。

（2）改进产品。改进产品，是指对原有产品的结构、性能进行改进，丰富产品型号、款式而研发制造的产品。与全新产品相比，改进产品只是在原有产品基础上的创新，因此，企业所需投入的成本较低。同时凭借现有的用户基础规模，新产品的市场推广难度降低，消费者对新产品的接受度高。比较典型的是为满足市场上不同消费者对手机的需求，华为、中兴等企业推出了一系列不同型号的手机产品。

（3）换代产品。换代产品，是在原有产品的基础上，基本原理不变，部分地采用新技术、新材料，使新产品的性能、功能得到显著改善的产品。改进新产品只是原有产品的扩展与延伸，目的是向消费者提供更为优质的产品，维持与扩大企业的市场份额。成功的案例是苹果公司为了适应技术的发展与市场的需求，对苹果手机进行了不断升级。从 2007 年第一代 iPhone 的问世到 2016 年 iPhone7 的出现，苹果手机的性能与技术得到了不断提升，市场份额也有所增加。

综上，新技术标准应用有三种载体形式：全新标准产品、改进标准产品与换代标准产品。不同类型产品的特征与市场推广的难易程度各不相同。核心企业应依据技术标准特征与技术标准战略发展要求，选择恰当的标准产品类型，以实现技术标准的快速市场扩散。

### 4.3.1.2　新产品研发分析

（1）新产品研发特征。

不论创新程度如何，新产品研发都进入了一个新的技术领域。对任何一个企业来说，新产品研发都呈现出高风险、高回报与高速度的特征。

高风险。新产品开发作为企业获取持续竞争力的重要手段，是企业发展的一项重要战略措施。但 Booz 和 Hamilton 的一项研究表明，在大多数企业的新产品研发活动中，平均每 7 个新产品的创意，最后取得市场成功的只有 1 个，这表明新产品研发中存在着极高的风险。其主要原因在于：

首先，新产品的出现，其技术、性能等方面发生了一定的改变，这一变化到底能否被消费者所接受，还需要一段时间进行检验。最终的结果可能是消费者拒绝接受新产品，如 1985 年可口可乐公司为了提升其产品市场销量，推出了更甜口味的可乐，却遭到了消费者的一致抵制，最终不得不恢复原有产品的生产。而另一种可能出现的情况是消费者接受新产品，但在这一段时间内，市场上其他企业也推出了类似产品，瓜分企业潜在用户。

其次，新产品研发对技术提出了新的要求。为了改进原有产品的结构、性能等，企业在技术上需进行一定的创新，而最终的创新结果是不确定的。即使企业的技术创新取得了成功，但将新技术应用到新产品上时，新技术在新产品上将产生的技术效果仍不确定。

最后，除技术与市场两大主要因素影响，新产品研发过程中企业内部的管理与外部环境的变化也影响着新产品的成败。对企业而言，新产品研发的成功并不仅仅是技术方面的创新，而需要整个企业不同部门的共同努力，如营销部门对市场信息的收集、人力资源对人员的配置等。某一环节的失误，就有可能导致最终目标的失败。此外，外部环境的变化主要是国家政策与社会主流价值理念的变化，如果企业新产品的研发脱离了大环境，即使是性能再优越的产品，也会被市场所淘汰。

高回报。新产品一旦成功研发，研发企业将获得巨大的盈利机会。

新产品的出现，是企业对现有市场的细分或新市场的开拓。市场细分，是企业寻找出对新产品有独特需求的消费者。经过市场细分，企业有针对性地提供满足消费者需求的产品，节约了市场对新产品的接受时间，可快速地将研发投入转化为产品收益。而市场开拓，则是进入一个新市场。与竞争激烈的红海市场不同，在新市场这一蓝海市场上，作为开拓者，新产品的竞争者较少，企业凭借新产品成为新市场的领导者，独占新市场带来的丰厚收益。

企业一方面可以以新产品为基点，不断丰富新产品的种类；另一方面可以以新产品研发中的技术为手段，将新技术应用到更广泛的产品上。这都一定程度上扩大了企业的市场影响范围。而新产品市场扩散过程中培养的一定规模忠诚用户，则为企业产品的长期发展提供了基础。企业从深度与广度两方面对新产品市场的开发，整体上增强了企业的市场规模，从而增加企业收入。

高速度。随着时代的发展，产品的生命周期在不断缩短。90 年代前，美国产品的生命周期为 3 年，到了 1995 年，这一时间缩短为不到 2 年，而其中 IT 产业中的关键零部件及中间产品的生命周期甚至缩短为 3—6 个月[236]。造成这一现象的原因主要有：技术更新加快，消费者需求多样与市场竞争日益激烈。

知识经济的快速发展，企业发展面临越来越多样化的问题。为解决这些新问题，推动企业不断进行技术创新，使得技术的更新换代周期越来越短。新技术的不断出现与应用，对应的使得产品的生命周期不断缩短。

企业研发产品的最终目的是满足消费者的需求。当人们生活水平不断提高时，消费者的需求就不再是单纯地追求物质的满足，而变得日益多样化与个性化。这一背景，促使企业不断推出满足消费者多样化需求的新产品。

最后，当市场突破了时间与空间的限制，不同市场主体为争夺有限的市场，开展的竞争日趋激烈。新产品的研发，对企业争夺市场与消费者影响重大。

（2）新产品研发影响因素。

结合新产品研发的定义与特征，将影响新产品研发成败的主要因素归结为技术与市场两大因素。

技术方面，新产品是运用技术对原有产品的改进与创新，其技术水平的高低直接影响着新产品研发的成败。技术水平高的企业能够领先市场上的其他企业，研发出技术含量高、产品性能好、且具有市场竞争力的产品，进而提升整个市场的技术发展水平。而当企业技术水平较低时，其新产品研发只能是对原有产品的逐渐改进，且因为新产品技术的变化较小，易被市场上其他的企业模仿，导致新产品的市场竞争力降低。

市场方面，新产品研发的主要目的是满足市场需求，维持与提高企业市场竞争力。因此，研发的新产品是否被市场接受，决定着新产品的成败。新产品市场推广成功，意味着企业在新产品研发中的投入得以收回，且能为企业创造利润。同时因为新产品的扩散，企业市场影响力与竞争力将得到提升。而不被市场认可的新产品，不仅付出的成本收不回，还会影响企业整体战略的发展。

因此，为克服技术与市场对新产品研发的影响，核心企业需具备一定的研发信息与研发技术能力。

### 4.3.2 研发信息能力

研发信息主要指新产品研发过程中核心企业需掌握的信息，包括企业内部技术信息与外部市场信息。内部信息是标准产品研发顺利进行的基础，而外部市场信息则决定标准产品研发的方向。核心企业信息能力则是获取与管理内外部信息的能力，如图4.4所示。

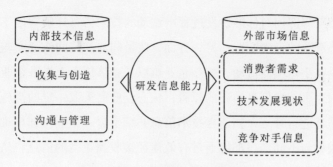

**图4.4　核心企业研发信息能力构成**

### 4.3.2.1　内部技术信息

内部技术信息是核心企业内部技术知识储备，通常分布在企业员工与部门中，是标准产品研发的重要技术支持。为了获得并利用内部技术信息，核心企业首先要完成的是技术信息的收集与创造，进而完成技术信息的沟通与管理。

（1）收集与创造。

在核心企业内部，最初的技术知识通常由企业内部个人或部门掌握，以分散的状态分布在企业中。这些分散知识的存在，不仅不利于企业技术知识管理，同时也因缺乏有效开发而造成知识的浪费。因此，为了获得技术知识带来的价值，核心企业首先要对相关技术知识进行收集。

但企业知识收集并不是全面的收集，一般而言，知识收集的最佳效果是合适的知识在适当的时间使用在需要的地方。在标准产品研发过程中，为了满足核心企业标准产品研发的技术需求与提升技术知识的利用率，核心企业需有针对性地收集分散在企业内部、有助于标准产品研发的知识。如企业相关人员所掌握的技术知识类别与对应的技术水平等。

由于标准产品研发是围绕新的技术标准进行的产品研发，这就需要核心企业提供新的技术知识。但新的技术知识并不会凭空出现，核心企业对内部技术知识的收集为新知识的产生奠定了基础。企业通过对内部技术知识的收集整合，了解自身的技术特质与技术水平，进而创造出新的技术知识，以进行标准的产品研发。

（2）沟通与管理。

在核心企业技术信息流动过程中，由于各种因素的影响，导致信息在企业内部的传递并不通畅。一方面，由于企业员工知识背景与知识结构以及部门职能的不同，不同员工与部门对标准研发过程中流动的技术信息理解程度不一，影响了核心企业内部资源的合理配置；另一方面，成员间与部门间沟通交流的缺乏，使得技术信息只在小范围内流动，核心企业难以从整体层面上提升企业的效率。

因此，为克服技术信息沟通的障碍，核心企业需采取一定的措施对企业内部流动的技术信息进行管理，如建立技术信息共享平台、企业内部培训等，以使企业内部不同成员与不同部门都能通过有效途径接收到正确的信息，从而实现企业内部资源的有效利用。

#### 4.3.2.2　外部市场信息

市场是检验标准产品研发是否成功的重要手段，为提升研发标准产品的市场接受度，核心企业需要掌握的市场信息有：

（1）消费者需求。作为企业新产品研发的主要动力之一，进行新产品需求分析，并确定新产品的功能需求，是新产品研发中首先要解决的问题[237]。掌握消费者需求，有助于核心企业研发出易于被消费者接受的标准产品，从而降低技术标准化中存在的市场风险。此外，对市场需求的了解，便于核心企业有针对性地对标准产品进行研发，提高研发资源利用率，从而避免无效研发造成的企业资源浪费。

（2）技术发展现状。技术发展现状就是某一技术领域的技术发展水平。对技术发展水平的了解，有助于核心企业初步掌握某一领域目前技术的发展情况，进而决定企业标准产品的研发方向。假如核心企业制定的技术标准处于市场前沿，为了标准的顺利扩散，企业研发的标准产品就属于传统类型。当企业的标准技术处于市场的平均水平时，为了提升技术标准的竞争力，核心企业推出的标准产品就要是创意十足的产品，如指纹识别技术与传统智能手机的结合。

（3）竞争对手信息。几乎所有新的技术标准出现时，都面临着市场竞争的压力。对竞争对手的了解，有助于核心企业选择合适的标准产品研发战略。当技术标准与相关企业技术处于替代关系时，竞争的结果是可能只有一种产品能生存下来。为此，核心企业在标准产品研发时，就要尽可能地提升产品性能，提高用户的消费效用，以争夺更多的标准用户。而当两者之间处于技术互补关系时，核心企业可在相关企业基础上，研发出与其匹配的标准产品。借助竞争企业现有市场基础，实现新技术标准的市场扩散。

为了获取全面的市场信息，核心企业可利用多种信息获取渠道，如企业内部的信息收集平台、外部公共信息发布渠道、专业机构服务等。同时，为了提升信息价值，发挥市场信息在标准产品研发中的作用，核心企业对不同渠道收集的信息进行分析，提取影响企业研发标准产品研发的市场信息。

对企业内部技术信息与外部市场信息的掌握有利于核心企业有效整合利用企业资源，同时把握正确的标准产品研发方向，是标准产品成功研发与市场扩散的重要前提。

### 4.3.3　研发技术能力

技术作为标准产品研发的核心，是核心企业关注的重点。依据新产品研发中技术的作用顺序，企业研发技术能力主要表现在技术研发中企业技术知识积累、技术资源投入与技术研发过程管理等方面，如图 4.5 所示。

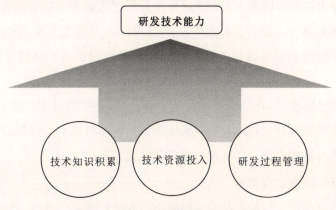

**图 4.5　核心企业研发技术能力构成**

#### 4.3.3.1　技术知识积累

技术知识积累是企业在从事技术创新活动中获得的一种蕴含在企业系统中的知识积累与技术能力的过程。技术知识积累可分为两个层次，一个是企业员工个人技术知识积累，这主要是员工个人在技术创新中获取的技术知识与掌握的技术能力，是构成企业技术知识的基础；另一个是企业技术知识积累，这是对员工个人技术知识积累的优化与整合。技术知识的积累在一定程度上反映了企业技术创新能力，在标准产品研发中发挥着重要作用。

核心企业技术知识积累获取的对象有专利技术、操作技术、实验技术与相关制造技术等，这些技术是企业在长期的创新过程中积累的知识与经验，是企业无形资产的核心，能为核心企业标准产品研发提供强大的助力。相关技术知识的积累，既为解决标准产品研发过程遇到的问题提供了解决途径，又为标准产品研发提供了行为标准，是标准产品研发技术能力构成的基础。

### 4.3.3.2　技术资源投入

技术资源是企业做出技术选择，对现有技术与产品进行改进，最终产生新技术的资源与能力[238]。技术资源投入主要包括研发新产品所需的人、财、物等资源与运用相关资源的能力。企业技术资源的投入，可以使企业成功研制出新产品，并有效地实现技术扩散，使企业获得竞争优势与超额收益[239]。

核心企业进行标准产品研发所需的人力资源包括进行技术创新的研发人员与非研发人员。研发人员主要是从事技术研发的员工，他们满足了标准产品研发中对新技术的需求，而非研发人员则为研发人员创新活动的开展提供辅助，保证了产品研发的顺利进行。此外，标准产品的研发离不开研发资金与物质资源的投入，研发资金与物质资源满足了标准产品成功研发对设备、原料等物质方面的需求。

技术资源是标准产品研发进行的物质基础，但要实现标准产品的成功研发，还需对技术资源进行开发利用。如根据标准产品研发对技术与资源的需求，合理投入人力资源与物质资源，以实现技术资源的最大效用。

### 4.3.3.3　研发过程管理

研发过程管理是对标准产品研发的整个过程进行管理，其范围涵盖了创意产生、市场调查、产品设计、产品开发等各个环节。其中管理内容涉及研发团队管理、研发成本管理与研发风险管理。

首先，标准产品研发是一项具有挑战性的技术创新工作，需要核心企业内部不同员工，不同部门组成团队来开展工作。在这一过程中，组建团队的工作效率直接影响到标准产品的研发效果。为了提升团队合作效率，采取必要的管理措施对团队中成员的任务进行分配、绩效考核与奖励等就极为重要。

其次，在核心企业研发资金有限的前提下，企业要注重节约研发成本。但节约并不意味着减少，而是在标准产品研发过程中，根据不同阶段的特征合理安排支出，提升资金应用价值。如初期投入高额成本，加速产品研发，稳定阶段则降低研发投入，将资金更多地转向产品推广，加速产品市场扩散。

最后，标准产品研发过程存在着研发技术失败，产品不受市场欢迎等各项风险，为了降低风险，核心企业需采取一系列措施，如研发投入的增加、前期大量的市场调查等，以提高标准产品研发的成功率。在技术标准产品研发过程中，核心企业研发技术能力的运用，有助于解决产品研发中技术方面存的问题，是标准产品成功研发的重要保障。

## 4.4　核心企业研发能力对标准化的影响

技术标准联盟核心企业通过运用研发能力开展技术创新，技术在不断发展的同时推动着技术标准化的向前发展。研发能力作为标准化的技术基础，决定着技术标准的水平和标准化实现的速度。

### 4.4.1　提升技术标准水平

杨武与吴海燕等（2010）认为一项技术标准的竞争力是其在市场竞争中被用户广泛接受，并给企业带来竞争优势与创造价值的能力[240]。由此可知，技术标准水平的提升并不仅仅是标准技术层面的发展，更是市场方面的发展。

#### 4.4.1.1　技术层面

从技术角度出发，技术标准化实现是一个技术水平不断提升与技术体系不断成熟的过程。Nelson 和 Winter（1982）认为技术的本质就是知识[241]，技术水平提升表现为知识存量的增长与知识应用范围的扩大。在标准技术与标准产品研发过程中，企业首先制定技术方面所要达到的目标，接着比较自身技术现状与目标之间的差距，进而采取各项研发活动以缩小这一差距。伴随着企业在研发活动中遇到的问题，同时寻求解决问题的方法，并通过开发转化产品，给企业带来经济收益，企业实现了知识的创造与转移，增加企业的知识存量与扩大企业的知识使用范围[242-243]。技术作为技术标准的具体承载体，企业在提升技术水平的同时，也使技术标准水平得到了提升。

作为一类特殊的技术性产品，技术标准与其他产品类似，有一个形成、发展与衰退的过程[244]。在这一过程中，随着时间的不断发展，标准构成技术的成熟度不断提升，如图 4.6 所示。技术成熟度是评价企业技术是否达到应用条件的重要指标，成熟的技术标准有利于标准产品大规模制造与生产，是技术标准成功扩散的重要保证。与之对应的，在技术标准化实现过程中，标准联盟成员企业对标准构成技术的先进性与实用性不断提升，最终推动了技术标准的成熟。

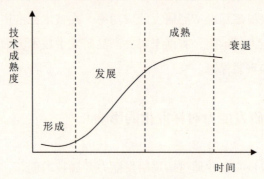

图 4.6　技术标准生命周期

### 4.4.1.2　市场层面

市场层面对技术标准水平影响的主要原因在于技术标准化实现过程中，标准产品间产生的兼容界面或接口。兼容是指不同产品或系统之间可以相互接纳，一起工作[133]。Woroch 等（1998）对微软进行研究，认为技术不兼容对微软在操作系统上占据统治地位具有重要作用[245]。其原因在于某一企业产品与市场上其他产品不兼容，当某一用户在使用企业产品与他人进行信息传递与共享时，产品间的不兼容就阻碍了信息的流通。为了保证信息的高效流动，市场上的不同用户趋向于使用同一标准的产品，这在一定程度上极大地扩大了标准用户基础规模，提升了标准技术水平。而企业在技术标准化研发过程采取的"研发技术化，技术专利化"的策略，提升了企业技术的不兼容性，进而影响着技术标准的兼容性。

此外，为了提升市场上消费者消费效用，以扩大技术标准的市场影响力。企业在技术标准具有的网络外部性下，通过运用研发能力，开展研发活动以最大限度地增加在同一技术标准界面下的产品/服务的种类与数量。其原因在于某一标准产品具有丰富的互补配套产品/服务，在增加标准产品对消费者价值的同时，提升了消费者转化技术标准带来的成本。

因此，从技术与市场两个层面提升了技术标准水平，对技术标准顺利实现市场应用具有积极影响。

### 4.4.2　加速标准化实现

每一项技术标准化的实现，都是技术标准的一次更迭。在早期，技术发展相对较缓慢，技术标准更新的时间间隔较长。随着技术经济的快速发展，技术对企业发展的影响力增大。企业间研发创新活动频繁，通过技术与市场的推动，促使技术标准更迭周期不断缩短。

#### 4.4.2.1　技术层面

在过去，技术要成为技术标准要经历一段相当漫长的时间。首先，高技术企业在企业内部进行技术研发、技术改进与技术检验等活动，直到确定技术成熟；接着，将已成熟的技术推向市场，接受市场的检验；最后，只有经过市场检验的技术才能成为技术标准。这一过程大概需要 10 年的时间，这一技术标准制定的过程出现的直接结果就是新制定的技术标准落后于技术的发展。

但在今天，技术的发展日新月异，市场对技术提出了更高的要求，过去制定技术标准的准则也不再适用。随着制定的技术标准对技术专利的大量引用，为了率先占领市场，高技术企业通常在进行技术研发时，将研发的技术申请成为专利。企业利用这一专利申请行为占据了先发优势，主导了技术标准的演进方向[246]。企业直接将研发技术转化成事实标准的技术标准制定过程，促使了技术发展与技术标准制定同步甚至超前的现象。

#### 4.4.2.2　市场层面

考虑到技术标准化的最终目的是技术标准的市场化，因此，技术研发对技术标准化的推动作用主要表现在：（1）技术标准产品作为用户接触与了解技术标准的具体载体，是技术标准研发的重点。标准产品研发是一个复杂的网络系统，由大量各具特色的企业构成。这些企业围绕着标准核心构成技术开展协作，合理配置资源，加速标准产品研发。（2）技术标准联盟成员的相互协作，促进了彼此间技术知识的流动，提升标准产品开发过程中的信息透明度，从而降低标准产品的市场推广难度与风险，促进事实标准的形成。

企业通过加速对标准技术与标准产品的研发，在保障技术标准市场应用实现的前提下，缩短了技术标准从企业到市场的时间，提高了技术标准更迭的频率。

## 4.5  本章小结

本章从标准技术研发与标准产品研发两个方面探究了技术标准联盟核心企业研发能力的构成与作用。首先分析了技术标准化过程的研发内容，认为标准化过程研发涉及基础研究、应用研究与开发研究这三种类型，且不同类型的研发在标准化中发挥的作用有所不同。基础研究成果与标准技术体系的研发与构建密切相关，而应用研究与开发研究则影响着标准产品的研发。接着从标准技术研发与扩散的角度，认为在标准技术研发方面，核心企业的标准技术研发能力主要表现为核心技术预测、研发模式选择与标准技术完善等方面。其中核心技术预测决定着技术标准的核心企业在标准化中的竞争力，主要利用专利信息分析方法完成；研发模式则是核心企业在自主研发与合作研发中选择最合适的技术研发方式；而研发技术完善则是围绕标准核心技术完成标准专利池的构建。在标准产品研发方面，在分析新产品研发类型与特征的基础上，提出核心企业标准产品研发能力主要由研发信息能力与研发技术能力构成，其中研发技术能力是标准产品成功研发的重要基础，而获取企业内部信息与外部市场信息的研发信息能力则影响着标准产品研发的方向。最后，对联盟核心企业研发能力对标准化的作用进行了分析，认为研发能力能从技术与市场两个层面上提升标准技术水平与加速标准化的实现。

# 第 5 章 | 标准化过程核心企业管理能力

技术标准化是一个庞大、复杂的创新过程，由承担不同任务的多个环节构成。为了实现这一创新过程内各个环节的相互配合，同时提高整体效率，核心企业的管理能力就必不可少。因为技术标准化不仅仅在企业内部展开，同时还需与外部企业进行协同合作。因此，核心企业的管理能力包括企业内部管理能力与围绕标准形成的标准联盟管理能力。

## 5.1 标准化主要组织形式

### 5.1.1 高技术企业

胡学刚（2000）在高技术与高技术企业分析的基础上，认为高技术企业是指处于技术进步较快技术领域内的，利用当代尖端技术进行高技术产业内相关产品生产与销售的一类企业群[247]。因此，高技术企业通常具有以下特点：（1）技术创新能力强。在技术快速发展的技术领域内，企业想要不被淘汰同时向前发展，通过技术创新进而掌握该领域的前沿技术就成为有效途径。（2）发展速度迅速。在技术呈现出周期短与市场竞争力强特点的背景下，以发展技术为主要目标的高技术企业的成长就变得愈加快速。（3）生产规模经济性。在技术创新过程中，高技术企业往往需投入大量成本。而技术一旦取得成功，其生产扩散成本则几乎为零。

随着技术竞争日益加剧，高技术企业纷纷制定标准化战略，加入到技术标准制定过程中。一则，技术标准的成功制定，有助于提升企业市场竞争力。对高技术企业而言，其研发技术的市场应用范围与市场竞争力都容易受到产业内其他企业的冲击。而技术标准具有的市场规范作用，为高技术企业发展提供了保障。二则，参与技术标准制定，对提升高技术企业技术创新能力有积极作用。技术标准制定集合了大量高技术企业，彼此间协同合作的展开促进了企业间信息技术的流动。丰富的技术信息，为高技术企业提升技术能力提供了知识来源。

结合高技术企业的特点与参与技术标准化的积极性来看，高技术企业是推动技术标准化发展的主体。（1）高技术企业提供了构成技术标准的技术专利。具有极强技术创新能力的高技术企业在技术研发方面有显著优势，提供了技术标准化发展所需的技术。（2）高技术企业研制了技术标准产品。掌握了标准技术的高技术企业，将技术标准应用到标准研发生产方面领先于其他企业。（3）高技术企业大力推动了技术标准扩散。利用企业现有的技术推广渠道与资源，可实现技术标准快速扩散。

### 5.1.2 标准联盟

随着标准化的发展，高技术企业间协同合作频繁展开，高技术企业遇到了一系列问题。一是不同高技术企业间协作的单独进行，造成了合作总成本的增加。在技术标准化中，掌握不同技术的企业为寻求配套技术的合作伙伴付出了大量的时间与精力，同时两企业合作的进行，也需花费一定成本。二是合作的高技术企业数量众多，使得对技术标准化发展不产生积极作用或具备相同特质的企业也加入其中，影响合作整体效率。不能提供技术标准化实现所需资源企业的存在，易于分散与其合作高技术企业的资源；而掌握相同资源的企业过多，在一定程度上加剧了企业间竞争，降低了合作效率。为了解决这些问题，以推进技术标准化实现为目标的技术标准联盟应运而生。

技术标准联盟的存在，在降低高技术企业间合作成本的同时，对参与推进技术标准化的高技术企业结构进行了优化，从而提高联盟内成员间合作的效率。除了上述作用，技术标准联盟的组织形式，也更容易争取到政府对联盟技术标准的支持，从而减少技术标准化过程遇到的阻碍。

## 5.2 核心企业管理能力的必要性

里基·W.格里芬在其著作《管理学》中指出，管理是管理主体组织与利用各项资源、要素，实现组织目标的过程。作为推动技术标准化发展的主要组织形式，高技术企业与技术标准联盟需利用各项资源与要素来完成标准化这一目标，这就是企业与联盟的一个管理过程。

### 5.2.1　企业内部管理能力必要性

企业内部管理是指企业为了获取最大利润与实现企业长远发展，与周围环境与自身实际情况相结合，有计划地对企业内部设置的各项职能进行指挥、调节及监督[248]。但由于企业内部的复杂性与外部的多变性，如图 5.1 所示，企业内部管理充满着挑战。如何有效克服企业内部管理遇到的阻碍，使高技术企业标准化顺利进行，值得高技术企业认真考虑。

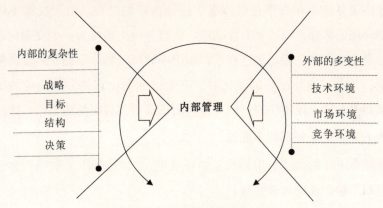

**图 5.1　企业内部管理必要性**

### 5.2.1.1　企业内部的复杂性

复杂性概念最早出现在自然科学研究中，但由于对复杂性认识的不足，至今学术界关于复杂性仍无统一的定义。尽管对于复杂性的认识还不足，但这并不影响它作为一个固有属性存在于组织系统内部。Ashmos 等人（1996）认为组织内部的复杂性主要表现在战略、目标、结构与决策四个方面[249]。

战略的复杂性主要是由于企业战略制定的基础来源是外部环境与企业自身特质。外部环境处于不断变化的状态，为了适应外部环境的变化，企业需不断地调整企业战略。此外，企业制定战略涉及企业内部的员工、设备与资金等各种资源与外部的政策、公共关系与商业伦理等各项因素，它们之间的关系纷乱复杂，战略就成为一个开放、边界模糊、内部混沌的系统[250]。而依据战略制定的企业目标，因为企业战略的复杂性，同时表现出复杂性特征。

企业组织结构是为了实现企业目标，企业内成员进行分工协作而形成的结构体系[251]。随着企业外部环境与企业管理的变迁，企业组织结构也在不断变化。企业组织结构的形成，有利于企业内部任务的划分与信息的传递，使得企业能够高效运行，对企业目标更好地实现具有重要作用。当企业外部环境发生变化时，为了适应这些变化，企业组织结构相应地进行调整，如随着经济的快速发展，企业组织结构逐渐由直线化向扁平化演变。此外，企业组织结构内部是由不同员工组成的子系统，这些子系统的行为主体在行动、沟通方面本身具有复杂性。为了使不同子系统内的员工保持协调，企业的组织结构同时趋于复杂。

企业决策是企业在众多备选方案中进行选择的过程。由于决策主体的主观性，外部环境的多样性与决策程序烦琐，使得企业决策成为一个复杂的过程。首先，决策是企业内员工做出的选择，但由于不同员工特质不同，员工决策的标准有所不同；其次，当外部环境变化时，企业目标变化直接影响企业的决策；最后，决策程序烦琐，使得决策过程中传递的信息与参与决策的主体多样并多变。

### 5.2.1.2　企业外部的多变性

企业处在一定的技术、市场、竞争环境中[252]，这些因素影响到企业的行为方式，进而影响企业的内部管理。

（1）技术环境多变。

企业管理与技术发展息息相关，技术发展影响着企业管理方式。如网络技术的发展，推动企业管理由实体化向虚拟化转变。但技术的快速更迭与技术发展方向的不确定，使得企业处在一个不断变化的技术环境中。一是技术更迭加快，对应的技术生命周期缩短，技术特性不断进化；二是在同一技术轨道上，产业内不同企业的技术创新能力不一，企业对技术的推进程度与方向各异。

（2）市场环境多变。

市场环境主要是指企业所处的销售市场。在政治、经济、文化等因素的影响下，企业的销售市场处于动态变化中。其中政治因素影响主要是国家、政府政策变化对销售市场的影响。比如2015年柴油车国四排放标准的实施，一些落后的汽车企业被淘汰，整个汽车产业格局发生变化。经济因素、文化因素则分别通过影响消费者消费水平与消费行为直接影响销售市场。

（3）竞争环境多变。

在企业发展过程中，随着企业发展战略的变化，企业外部竞争者的数量与类型也不断变化。企业之间存在竞争主要是为争夺更多的有限资源，当企业战略变革时，企业对资源的需求也随之进行调整。此时，企业的外部竞争环境也同时发生变化。

企业内部的复杂性与外部的多变性带来的不确定性影响着高技术企业标准化战略的实施，而企业内部管理能力的存在，为降低这一不确定性起到了积极作用。首先，内部管理能力是高技术企业对企业内外部情况了解的一种能力，利用这一能力，企业能够全面了解技术标准化过程企业的内外部情况；其次，内部管理能力是高技术企业协调配置企业内部资源的能力，运用这一能力，企业能够有效提供技术标准化所需的资源；最后，内部管理能力是高技术企业对外部环境的适应能力，有效的内部管理，对企业应对多变的外部环境具有积极作用。

### 5.2.2　技术标准联盟管理能力的必要性

多个高技术企业以制定统一技术标准为目标时，彼此间开展的协同合作就促进了技术标准联盟的出现。尽管全球范围内技术标准联盟数量不断增加，作为一个企业组织的集合体，其发展仍面临着诸多问题。据美国麦肯锡咨询公司的调查报告显示，在被调查的联盟中，只有 40% 左右的联盟能维持 4 年以上，大多数的联盟在短期内就中断或解体[253]，这对于技术标准的制定极为不利。因此，如何对技术标准联盟进行有效管理，就成为提升标准联盟成功率，推动技术标准化实现的重要问题。

#### 5.2.2.1　企业间利益冲突

一般而言，企业推行技术标准化战略的主要动因是凭借其掌握的专利技术，进而在市场竞争中获取竞争优势与攫取超额利润，实现这一目标的重要前提是企业享有专利技术的独占权与使用权。而在组建或加入技术标准联盟后，为了联盟整体战略目标的实现，联盟内成员间的技术进行共享。理想情况下，在这一合作过程中，联盟内的高技术企业都提供自身最具竞争力的技术，进而从整体上提升技术标准的核心竞争力。但往往出现的实际情况是，由于成员间彼此信息的不对称，企业进行技术合作时，难以保证双方提供对等的技术。这极大削弱了企业间合作的积极性，进而降低企业在联盟中的投入，最终导致标准联盟的不稳定。

#### 5.2.2.2　企业利益与联盟利益冲突

技术标准联盟组建的目的是提供一个企业间技术共享的平台，继而将专利技术整合为技术标准推向市场。因此，从标准联盟的角度，希望能够吸引优秀的高技术企业加入其中。对高技术企业而言，实力强大的高技术企业可以凭借自身能力，通过寻找对应的合作伙伴，推动自身技术实现标准化，并享受标准化带来的大部分收益。这是一个企业利益与联盟整体利益的博弈过程，当高技术企业预期从联盟中获取的收益低于企业独自获取的收益，或加入联盟所付出的成本过高时，企业加入标准联盟的意愿就会降低，从而影响技术标准联盟的成员构成，降低联盟竞争力。

### 5.2.2.3　联盟间利益冲突

在同一产业内，依据研发技术方向的不同，出现不同的技术体系，进而在不同技术体系基础上形成的技术标准也有所不同。围绕着不同技术标准的制定，往往出现多个技术标准联盟。如在移动通信产业内，围绕通信标准组建的联盟有GSM 标准联盟，TD-SCDMA 标准联盟，WCDMA 联盟与 CDMA2000 联盟等。尽管不同联盟的核心技术有所区别，但在通信市场资源与市场基础规模有限的条件下，为尽可能地争夺资源与市场，联盟间展开的竞争也异常激烈。

联盟管理能力并不仅仅是合作的能力，更是合作伙伴间关系治理以及合作主体促成、驾驭和管理各项联盟合作进行资源配置、获取联盟收益的能力[254]。技术标准联盟管理能力的运用，对解决技术标准联盟运行过程面临的种种利益冲突，促进联盟运行，加速标准化实现，具有积极推动作用。

## 5.3　企业内部管理能力

为了应对企业内外部存在的不确定性，积极推动企业标准化战略实现，核心企业围绕技术标准制定所采取的措施有内部技术标准知识管理、标准化配套项目建设与技术标准产品市场开拓等。

### 5.3.1　内部技术标准知识管理

#### 5.3.1.1　技术标准知识的内涵

技术标准知识，是指企业在参与技术标准制定过程中所掌握的技术与经验。由定义可知，技术标准知识来源于企业标准化实施过程，内容是与实施技术标准化相关的技术与经验。技术标准知识具有创新性、专有性与延展性的特征。

（1）创新性。每一次新技术标准的制定过程就是一个技术创新过程，企业当前所积累的技术标准知识影响着企业技术标准的成功制定。由于每一次技术标准化中遇到的问题可能无先例可循，这就要求企业能够灵活运用技术标准知识，以解决企业面临的各项新挑战。

（2）专有性。技术标准知识往往是企业在技术标准化中所取得的，具有知识产权特性，竞争者难以学习或模仿。此外，技术标准知识一般适合于特定的环境与特定活动，脱离了这一条件，技术标准知识将不具备任何价值。

（3）延展性。技术标准知识作为企业掌握的独有知识，企业在此基础上能够衍生出一系列具有竞争力的产品与服务，从而提高企业标准知识的应用价值。

### 5.3.1.2　技术标准知识管理

技术标准知识管理是指对技术标准知识创造与应用的过程进行科学的规划与管理[255]。按照知识创造与流动的过程，具体步骤包含技术标准知识收集与筛选、技术标准知识整合与吸收、技术标准知识扩散与应用三个方面。

（1）技术标准知识收集与筛选。

技术标准知识收集与筛选是指企业获取、评估并选择对企业推进技术标准化有用的知识。核心企业知识获取的途径主要有企业内部收集与外部学习引进。作为参与了标准化的企业，其内部员工都在不同程度上掌握与积累了标准化实现所需的技术知识，如标准技术研发所需能力及如何提供配套技术等。但这些都依据员工特性散落在企业内部不同员工之间，核心企业通过采取内部员工调查、存档等方式，掌握企业内部技术知识分布情况。

外部学习引进主要通过与其他企业进行合作，进而获取到技术标准知识。仅依靠企业内部获取的知识往往具有一定的局限性，而企业间的协同合作弥补了这一缺陷。因为不同的高技术企业拥有着自己的核心竞争力，通过相互间交流学习，企业间取长补短，彼此的技术标准知识都得到了增加。

对内外部收集到的技术标准知识，核心企业下一步就是对这些知识进行筛选，选择企业目前推进技术标准化所需的与未来实施技术标准化战略有利的技术标准知识，并将所有知识内化为企业内部知识。筛选的依据通常有企业目前状况，技术标准战略实施情况，企业技术战略与市场发展趋势等。

（2）技术标准知识整合与吸收。

经过收集与筛选，核心企业挑选出满足自身发展需求的相关技术标准知识。为了实现标准知识价值的最大化，核心企业在知识应用之前对筛选后的标准知识进行了整合。企业知识整合是指企业对其内部知识进行重新整理，摒弃无用知识，并将企业内员工与组织知识有机融合起来，使之具有较强柔性与系统性，且在需要的时候对原有知识进行重构，形成企业新的核心知识体系[256]。知识整合是企业创造新知识的前提，而新知识又是核心企业开展技术创新的重要条件。

核心企业是否能真正完成技术创新取决于其对新知识的吸收能力，知识吸收是企业通过内部分配与存储用获取的知识来改变组织资源状态的一类活动[257]。知识吸收不仅有助于企业调整内部知识结构，实现企业知识存量的增长，且当企业知识增长到一定水平后，会促进企业新产品的开发[258]。此外，企业知识吸收的进行，有助于提高企业对外部环境的适应性，提升企业的核心竞争力[259]。

技术标准知识的整合与吸收，是核心企业创造新知识并将这些知识积累在企业内部的重要途径，这为企业未来成功实施标准化战略奠定坚实基础。

（3）技术标准知识扩散与应用。

Inkpen 和 Dinur 认为知识扩散是组织内部一种知识流动的机制[260]。与物质资源不同，技术标准知识在核心企业内部的扩散，不仅没有被消耗，反而会得到增加与丰富。这不仅有助于企业内部员工都能学习与掌握与技术标准化相关的知识，为核心企业提高技术标准制定效率做好准备；同时通过扩散实现的企业整体知识增长，也有助于核心企业获得持续竞争力。

经过上述几个步骤，核心企业掌握了其所需的技术标准知识，企业想要真正实现这些知识的价值，一个重要途径是将知识应用到技术标准化中。通过知识的应用，核心企业可在推动技术标准化发展的同时，对自身掌握的技术标准知识进行检验与修正，从而不断提升企业的标准化能力。

综上，核心企业技术标准知识的管理过程如图 5.2 所示。核心企业首先通过企业内部挖掘与外部学习引进的方式，收集与筛选企业技术标准化所需的知识；接着对这些知识进行整合与吸收，形成新知识；最后核心企业通过技术标准知识在企业内部的扩散与应用，实现技术标准知识价值与企业技术标准化战略。

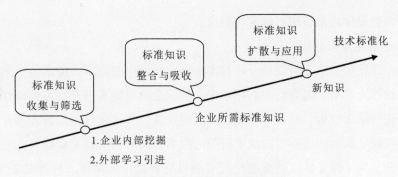

**图 5.2　技术标准知识管理过程**

### 5.3.2　标准化配套项目建设

#### 5.3.2.1　配套项目特征

为了保障技术标准化战略的顺利实施，核心企业除进行标准核心技术与标准产品研发推广外，还需围绕技术标准化建设相应的配套项目。配套项目是指与企业主要或核心项目相配套的项目，这些项目建设与完成的情况直接影响企业主要目标的实现。在企业的实际运行中，配套项目通常呈现出以下特点：

（1）可替代性。配套项目的存在是为企业核心目标服务，通常会出现多种选择方案。当某一配套项目不能够建设或发挥的作用不理想时。为了核心目标的实现，企业就会选择其他配套项目。

（2）灵活性。在不确定的环境中，企业的发展不可能一成不变。当企业核心项目发生变化时，配套项目要能够及时进行相应调整，以符合核心项目发展需求。

（3）独立产生价值较低。企业配套项目并不给企业直接带来巨大的经济收益与竞争优势，其价值的实现只能通过核心目标来实现。因此，配套项目价值的实现离不开企业核心目标，而核心目标价值的最大化需要配套项目提供辅助。当两者都处于最优状态时，会产生"1+1>2"的价值。

结合企业配套项目的定义与特点可知，在核心企业推进技术标准化实现的过程中，对应的配套项目建设也不可缺少。

#### 5.3.2.2　配套项目建设过程

一个项目完整的建设过程包含需求分析、项目选择与建设、监督与调整三个部分。其中项目选择与建设的依据是标准化的需求，而监督与调整的进行则检验了所选择与建设项目是否满足标准化需求。

（1）标准化需求分析。

技术标准化的需求分析就是分析技术标准化发展中的需求。需求分析的进行对企业节约投入成本，提高资源利用效率，加速企业目标实现具有重要作用。因为如果不进行需求分析，只是盲目地投入大量资源，其结果可能是投入的资源并不是企业发展所需的。这不仅造成了资源的浪费，同时也阻碍了企业目标的快速实现。因此，为了保证建设的标准化配套项目能够真正推动技术标准化的实现，对标准化的需求进行分析就变得至关重要。

标准化需求分析目标主要是了解技术标准化现状与企业现状。其中技术标准化现状的内容包括标准技术目前的创新度与成熟度，在市场上的竞争度与未来发展潜力以及当前标准化发展遇到的问题等方面。企业现状的内容则由企业目前所掌握资源的情况，企业发展战略实施情况等构成。对这些现状的分析，有助于核心企业全面了解目前技术标准化发展的需求及企业满足标准化需求的能力，从而为核心企业有针对性地建设相应的配套项目提供依据。

（2）配套项目选择与建设。

在技术标准化发展面临较多问题与企业资源有限的条件下，将有限的资源投入到对标准化发展影响最大的配套项目中，以保障企业标准化的顺利实现，就是配套项目的选择，正确的项目选择往往比项目的实施更有意义。

配套项目的选择关系到技术标准化实现的速度与效果。一般而言，配套项目选择的依据为在标准化发展中的重要程度与项目建设所需资源的紧缺程度。从企业的战略角度出发，为保证企业标准化得以顺利进行，核心企业优先选择建设对标准化发展影响程度高的配套项目。而从企业资源的角度，因为核心企业资源的限制，在保证企业标准化实现所需资源的前提下，核心企业选择其能够满足资源所需的配套项目进行建设。因此，核心企业在综合两项评价标准的基础上，选择适合企业目前发展的配套项目并投入相应的资源进行建设。

（3）配套项目监督与调整。

为了确保建设的标准化配套项目能够真正发挥作用，对配套项目进行监督就必不可少。项目监督是指企业领导者对项目具有约束力的指导性管理。通过项目监督，核心企业能够实时了解配套项目的实际情况，进而决定是否对项目进行调整。一般情况下，当配套项目内资源利用率较低，实际情况与预期计划之间存在较大差距或当前的配套项目对核心企业标准化发展并不产生积极作用时，企业就要进行相应的调整。

如果是项目实施效果不好，那么核心企业就要寻找影响项目运行的原因，是所需资源不足还是项目计划不合理，进而有针对性地采取解决措施；而如果是配套项目对企业总体目标没有积极作用时，核心企业就要考虑终止这一项目，重新制定配套项目计划。

虽然配套项目并不属于企业标准化战略的核心构成部分，但配套项目的存在，为技术标准化的顺利实现提供了助力，是技术标准化发展过程中不可或缺的部分，是核心企业不容忽视的部分。

### 5.3.3　技术标准产品市场开拓

技术标准化的最终完成离不开市场，因此，对核心企业而言，开拓技术标准产品市场与技术标准研发一样，都是其技术标准化战略的重要构成部分。技术标准产品市场开拓是指技术标准持有者以一定的手段和方法打开市场，提高技术标准市场占有率，实现技术标准价值的最大化。开拓技术标准产品市场，一方面有助于弥补核心企业在技术标准研发过程中投入的高额成本，另一方面有助于扩大技术标准的影响力，提升企业市场竞争力。成功的市场开拓，以核心企业掌握充分的信息与制定正确的策略为基础。

#### 5.3.3.1　知己知彼

知己就是核心企业要全面了解企业研发的技术标准产品情况与企业目前的现状。在标准产品方面，企业了解的信息有该标准产品技术性能、主要优缺点、潜在用途与产品特色等；对企业自身现状的了解则包含了企业拥有的资源、市场定位、企业发展战略等。知彼则是核心企业掌握市场需求信息与竞争对手情况。市场需求信息包含有相似产品市场价格、市场消费者偏好和预期、不同地区市场经济水平等；竞争对手方面，核心企业需掌握的信息有竞争企业的主要优势、市场占有情况、主营业务等。

知己知彼是核心企业开拓市场的基础与前提。知己有助于核心企业了解企业的优势与劣势，研发标准产品的优点与缺点；知彼有利于企业发现潜在目标市场与可能面临的市场威胁。在综合内外部信息的基础上，核心企业扬长避短，选择最具潜力的标准产品市场，整合企业资源，制定有效策略进行产品市场的开拓。

### 5.3.3.2 市场开拓策略

鉴于技术标准产品市场开拓是将一项新的技术推向市场，在这一过程中，核心企业面临着来自现有技术标准与现有市场的阻力。在此情况下，核心企业选择的市场开拓策略有寻找新市场、共享现有市场与取代现有市场等，如图 5.3 所示。

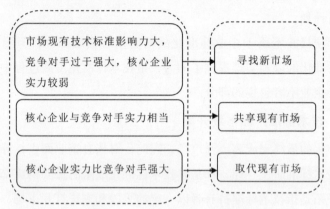

图 5.3　核心企业市场开拓策略

（1）寻找新市场。

当市场现有技术标准影响力大、竞争对手过于强大或核心企业实力较弱时，核心企业选择这一战略，以降低标准化失败的概率。核心企业寻找的市场也被称为利基市场，利基市场指那些被市场统治者忽略的某些细分市场。对实力强大的企业而言，利基市场过于狭小，发展潜力较小，开发成本相对预期收益过高。因此，市场领导企业往往会忽视对利基市场的开发。

对实力较弱的核心企业而言，选择开发利基市场，一方面，避免了现有市场强大的竞争压力，为新技术标准扩散寻找到了市场；另一方面，有利于核心企业整合企业现有资源，满足标准产品市场开拓需要。利基市场的选择，是技术标准扩散的起点，核心企业以此为基础，不断发展，逐步扩大技术标准的市场影响力。

（2）共享现有市场。

当核心企业与竞争对手实力相当，双方都没有完全取代对方的能力时，核心企业选择与竞争对手共享市场。选择这一策略，给核心企业带来的好处有：因为目标市场已确定，企业节省了寻找与开拓新市场的过程与投入，缩短了技术标准进入市场的时间；此外，市场推广渠道已成熟与完善，企业可利用现有渠道进行标准产品推广，降低了技术标准的市场准入门槛；最后，核心企业在现有市场的知名度，为企业推广新技术标准产品时迅速提升市场的接受度奠定了基础。

在这一过程中，核心企业面临的挑战有：因为市场容量一定，共享意味着主导企业要与现有技术标准争夺有限的用户基础，在彼此实力差距不大的情况下，核心企业面临的市场竞争异常激烈。为了尽可能地增加企业市场份额，核心企业可通过提升标准化产品性能、扩大销售渠道、提高营销力度等措施吸引更多的标准产品用户。

（3）取代现有市场。

当核心企业实力比竞争对手强大时，核心企业可选择用新技术标准取代现有市场技术标准。取代现有市场，意味着核心企业需要改变原有用户的消费习惯。要实现这一目标，一方面，企业需要投入大量的成本来提升新技术标准的市场知名度，同时拓宽各项渠道便于消费者接触与了解新标准；另一方面，核心企业通过提供一系列的配套服务，来提升消费者消费效用，进而吸引现有市场用户转向新技术标准。尽管核心企业需要付出高昂的成本才能取代现有市场，而一旦技术标准完成技术扩散，核心企业也将实现其预期的标准化目标，获得市场垄断地位和丰厚的经济收益。

技术标准扩散是技术标准化过程的重要环节，核心企业技术标准产品市场开拓的成功与否直接影响着技术标准的市场扩散。因此，核心企业要结合外部环境与企业发展战略要求，选择匹配的市场开拓战略，推动技术标准实现市场扩散。

## 5.4　技术标准联盟管理能力

缓解标准联盟内外冲突，保障联盟稳定运行，是实现推动技术标准化成功的重要基础，而这一目标的达成离不开核心企业对联盟的有效管理。

### 5.4.1　合作伙伴选择

一个运行良好的技术标准联盟是由大量掌握不同资源，承担不同任务的企业组织共同组成。杨东奇与张春宁等认为联盟伙伴个体因素与合作关系影响联盟的最终绩效[261]，因此，在标准联盟组建过程中，合作伙伴的选择毋庸置疑是联盟发展中一项不可或缺的管理工作。

#### 5.4.1.1　合作伙伴选择必要性

在技术标准制定过程中，联盟合作伙伴的选择，一方面有助于解决核心企业标准化资源短缺的问题，另一方面降低了技术标准化中核心企业所面临的风险。

（1）资源共享。

众所周知，技术标准化是一个需要投入大量资源的过程，核心企业往往难以独自承担。合作伙伴的出现，有效解决了核心企业资源短缺的问题。

资源基础理论（Resource-Based View）认为企业间的资源具有"异质性"和"非完全流动性"[262]。异质性说明这一资源是企业所独有的，其他企业的模仿或替代行为都要付出成本[263]，这也是企业核心竞争力的重要来源。而企业资源的非完全流动性则说明企业间资源的流动性程度较低，这有助于维持企业的核心竞争力。企业资源的这两个特征使得核心企业难以通过模仿或替代来获取标准化实现所需的所有资源，于是合作就成为核心企业解决问题的有效途径。

对合作伙伴而言，选择与核心企业合作，在共享标准化所带来收益的同时，也在一定程度上提升了企业资源的价值。因此，围绕技术标准化进行资源间的共享合作，对联盟内的核心企业与成员企业都大有裨益，这也是技术标准联盟形成的动因之一。

（2）分摊风险。

核心企业在推进技术标准化的过程中，面临着来自技术与市场的双重风险。技术风险指技术标准化中技术方面存在的风险，通常表现在技术研发失败、技术研发方向错误与技术应用失败等方面；而市场风险则是技术标准在市场扩散过程中遇到的风险，通常表现为标准推广失利、目标用户不接受、与现有市场技术标准竞争失败等。这些风险都影响着技术标准化的成功。

掌握不同优势资源合作伙伴的存在，分担了核心企业承担的风险。一则，合作伙伴凭借各自掌握的资源，承担着标准化不同模块中的任务，减少了核心企业在技术标准化中的活动；二则，不同企业各项优势资源的集合，为解决技术标准化中遇到的技术与市场难题提供了条件。

#### 5.4.1.2　合作伙伴选择原则

合适的合作伙伴是组建成功标准联盟与发挥联盟最大效用的前提，因此，核心企业选择的合作伙伴，通常满足两个条件：是否拥有技术标准化发展所需的资源和是否与现有联盟成员间互补/兼容。

（1）资源互补。

资源互补是指标准联盟内各成员所拥有的标准化资源能互为对方所用，资源互补是联盟组建的重要基础。首先，企业间资源互补是促成企业间合作开展的主要动因。因为资源的互补说明企业彼此都掌握着对方企业发展所需的资源，在资源流动性较低的条件下，为了获得长远发展，拥有互补性资源的企业间开展协同合作。其次，资源的互补减弱了企业间竞争。当不同企业间的资源互补时，在互补资源基础上形成的企业核心竞争力也表现出一定的差异性。因此，拥有不同核心竞争力的企业在同一领域内存在的相互竞争也就相对较弱。最后，资源互补的企业间合作可获取额外的效用。通常情况下互补性资源的企业间通过协作，总体产生的效用并不是合作企业所产生效用的简单相加。因为互补资源在合作过程中形成的整体优势，使得合作企业获得的最终效用实现大幅增加。

（2）兼容性。

兼容性是指标准联盟内成员在目标、战略与经营理念等方面达成一致，这是标准联盟能够实现长期运行的基本要求。因为企业彼此兼容时，联盟内不同成员才能都向着同一个方向努力，从而使联盟在整体上实现统一；此外，兼容性的存在，也在一定程度上缓解了成员间的冲突与矛盾。由于联盟内成员在推动联盟整体目标实现的同时，彼此也在追求各自的利益最大化，容易激发成员间对利益的争夺，不利于合作的开展。而兼容性的企业因为目标与理念等的一致，彼此间能就冲突与矛盾进行有效协调，从而保持联盟内成员友好合作的进行。

遵循上述两个原则，核心企业选择到其所需的合作伙伴，并与合作伙伴完成推动技术标准化实现这一目标。

### 5.4.1.3　合作伙伴选择过程

在技术标准联盟内，成员企业的各项活动都是围绕技术标准化展开的。依据技术标准化发展不同阶段的特征与需求，在资源互补与兼容性的伙伴选择原则指导下，核心企业合作伙伴选择如图 5.4 所示。

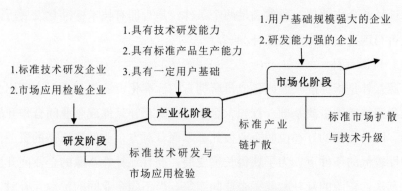

**图 5.4　核心企业合作伙伴选择**

（1）技术标准研发阶段。

在技术标准研发阶段，由于此时标准体系处于技术上的完善阶段，技术知识积累不充分，市场应用前景尚未明朗，大多数企业正处于观望状态。考虑到标准设立与市场之间的密切关系，作为掌握标准核心技术的领导企业，除专注研发完善标准技术体系之外，同时要为下一步标准商用活动的开展做好准备。为此，领导企业开始与一些潜在联盟成员进行接触，签署一些初步协议，进行相应合作。

在这一阶段中，潜在联盟成员的特点有：在技术方面，为加快构建完善的标准技术体系，领导企业选择与自身技术相协调或兼容互补的企业开展合作。通过对兼容互补技术的筛选、整合，提升技术标准的稳定性与可操作性。标准技术体系确立以后，是否可以实现市场商用，是技术标准设定的一个至关重要的影响因素。为避免后续活动产生更大的资源浪费，在技术标准研发阶段，就要对这一问题进行探讨。因此，联盟核心企业除了寻求标准技术体系研发的合作伙伴，还应增加支持标准市场应用研究的合作伙伴。通过相关企业对市场应用方面技术的研发，对技术标准市场应用进行检验。上述相关技术研发企业的加入，降低了技术标准确立与扩散过程中技术方面存在的不确定性。对于市场方面存在的不确定性，如标准在何时、以何种途径进入市场以及标准的市场推广等问题，联盟领导企业应寻找参与过类似标准市场设定的企业，其参与标准推广与扩散的市场经验，会为新标准的实施提供许多帮助。

因此，此阶段潜在标准联盟成员的选择，除上述标准技术研发与应用研究企业外，选择有参与标准设定经验的企业，能更有效率地实现标准市场应用与扩散。

（2）技术标准产业化阶段。

标准产业化阶段主要任务是完善技术标准产业链，目的是通过对异质资源的整合来提升标准竞争力，同时也为技术标准市场化的进行奠定基础。但技术标准产业化阶段所需的资源与所面临的风险，仅仅依靠几家企业，需要较长时间与克服较大困难。技术标准缩短的周期性特征要求联盟加快产业化这一进程的实现，因而标准联盟需要更多不同类型的企业加入。

技术标准产业化阶段，需要联盟成员具备以下条件：①具备一定的技术研发能力。目前技术标准体系仅仅是由基础核心技术专利构成，在技术标准产品的研制过程中，还存在许多亟待解决的具体技术问题。因此，新加入的联盟企业需具备提供技术标准商用过程中所需的技术能力，解决技术标准产业化技术上存在的不足，提升技术标准体系的兼容性。②具备一定的标准产品生产能力。产品生产能力是指企业能够在标准的指导下生产制造标准产品，这是市场获取技术标准价值的直接途径。生产企业能够根据相关企业的技术与生产要求，有效地提供大量的标准产品，满足市场需要。③具有一定的用户基础规模。一方面，技术标准往往具有极强的网络外部性，用户基础规模的大小，直接影响到参与技术标准设定的企业的数量与标准的价值。另一方面，技术标准具有"锁定效应"，当市场消费者习惯某一技术或标准时，就会排斥新技术或新标准的出现。当标准研发联盟合作伙伴具有较大的市场用户基础时，出于对企业的信赖与对新技术标准的预期市场规模的信心，新技术标准的市场推广中遇到的阻力会减小。此外，标准产业化过程可直接借助联盟成员企业拥有的用户基础与市场推广渠道，快速渗透市场，降低技术标准进入市场的门槛，顺利建立起技术标准的市场影响力。

（3）技术标准市场化阶段。

市场化阶段，在技术方面，因现有标准技术体系已趋于成熟，新一轮的技术标准竞争即将展开。为在新一轮标准竞争中占据主动地位，联盟在短时间内要实现标准技术的快速提升。为此，联盟领导企业需选择更多技术研发实力强的企业，共同完成这一目标。除标准技术方面的创新外，此阶段标准产品体系进一步丰富，同时要求联盟内增加能提升生产研发技术水平的企业。在市场方面，技术标准市场规模的快速扩大，离不开拥有强大市场基础企业。新增联盟成员利用其销售与推广渠道，以迅速扩大标准用户基础，提升标准市场影响力，推动技术标准成为市场事实标准。

综上所述，技术标准市场化的实现是一个循序渐进的过程，在其发展的不同阶段，联盟目标也各不相同。为保证技术标准市场化的顺利实现，联盟核心企业需结合作为技术标准联盟核心枢纽的技术标准具有的特征，选择匹配的合作伙伴。

### 5.4.2 联盟知识流动管理

#### 5.4.2.1 联盟知识流动的内涵

联盟知识流动是指知识在联盟内不同成员间的扩散与转移，这种扩散与转移以联盟结构为基础，最终目的在于实现联盟目标[264]。由定义可知，联盟知识流动是一个动态过程，包含联盟内所有成员，其目的在于促进整体目标的实现。因此，技术标准联盟的知识流动呈现出以下特征：

（1）动态性。知识流动产生的主要原因在于联盟内成员间存在的"知识势差"[265]，而知识势差产生的主要根源是企业间资源的异质性。作为企业存在并得以发展的主要因素，企业间资源的异质伴随着企业组织的存在而一直存在，这也就使得联盟内成员间的"知识势差"也同时存在，最终带动知识在知识水平不同的联盟成员间动态扩散与转移。

（2）复杂性。联盟内知识流动的复杂性主要表现在两个方面。①参与主体复杂。作为一个开放的系统，联盟知识流动并不仅仅只在联盟内成员间流动，这一过程的参与主体还包括了与联盟发生作用的外部组织。②流动过程复杂。参与主体的复杂性，意味着知识会在不同主体、不同层面上，以不同的方式进行流动。

（3）未知性。知识流动的未知性主要包含两个层面，一方面是指知识流动的主体角色未知，这主要是由于联盟内成员知识水平的不同。联盟内某一成员企业在知识流动中是充当知识供给者还是知识接受者，这主要取决于其知识流动的方向。另一方面则是知识流动带来的效果未知。一般而言，知识流动是否能给联盟带来增值，或最终价值增加的高低，将受到成员知识吸收能力、外部环境等因素的共同影响。

#### 5.4.2.2 联盟知识流动方式

技术标准联盟内知识从一成员流向其他成员，主要是通过成员间围绕技术标准化开展协同合作的方式，主要有专利交叉许可、项目合作与非正式交流等。

（1）专利交叉许可。

专利交叉许可是标准联盟知识流动的主要方式。专利交叉许可是一种基于谈判的、在产品开发或生产过程中需要对方所拥有专利技术时而相互有条件或无条件允许对方使用本企业技术专利的协定[266]。在技术标准联盟中，构成技术标准的专利技术掌握在不同的联盟成员手中。为了节约交易成本，扩大企业技术应用范围[267]，企业间专利交叉许可就成为标准联盟知识流动的主要方式。

（2）项目合作。

在联盟推进技术标准化过程中，参与这一模块的联盟企业成员，有些并不拥有技术专利，但其在产品生产与市场推广方面具有的优势，使其同样在技术标准化中发挥着不可或缺的作用。这部分企业彼此间或与拥有标准专利技术的企业间交流合作的开展主要以项目合作的形式进行。一则，项目的目标明确，针对性强，便于企业合理分配资源解决问题；二则，项目操作过程灵活，便于成员企业随时进行调整。因此，项目合作也是联盟知识流动的重要方式。

（3）非正式交流。

非正式交流主要指掌握着技术标准化相关知识的个体在联盟内组织间的活动。在标准联盟内的不同组织间，除了正式合作开展参与的人员外，还有组织间交流学习与相关会议讨论等人员非正式交流的方式。组织间交流学习是相关组织自发开展的活动，其目的在于学习对方的先进知识；而相关会议讨论则往往就某一问题或现状进行磋商讨论。这都在一定程度上促进了联盟知识的流动。

### 5.4.2.3　联盟知识流动管理分析

对标准联盟知识流动的管理，主要是在联盟成员存在"知识势差"的基础上，采取一定的方式，对联盟内知识的流动方向与流动速度进行管理。

（1）知识流向管理。

物理学认为世间物质流动总是从高位势向低位势进行，联盟内组织间的知识流动也是如此。当联盟内组织间存在知识势差时，就会产生知识流动，但并不是所有组织间的知识流动都会给流动双方带来好处。研究认为适度的知识势差才是知识有效传播与扩散的关键[268]。采取有效措施管理成员间知识流动的方向，对提升知识价值有积极作用。按照知识流动方向的不同，联盟知识流动的方式主要有产学研合作、核心企业带动与企业互助三种方式。

①产学研合作。从字面解释，产学研合作是指企业、高校与科研院所之间的合作。由于技术标准化涉及大量研发方面资源，仅依靠企业可能难以满足，而高校与科研院所在研发方面的优势，使其成为技术标准联盟中的重要成员。

因为合作主体特征不同，不同主体间的知识资源也有所不同。如企业主要在市场经济体系中，组织产品研发生产，进而获取收益；高校则是以人才教育与科学研究为主要目标的机构；作为专职从事科学研究的结构，相对于高校，科研院所的研究范围较窄，但研究程度却很深入。产学研合作的形式，对于企业而言，可获得良好的学习机会[269]，降低了研发成本，同时获得研发规模经济收益[270]；对高校和科研院所而言，可实现研发技术的市场价值，对其选择开展技术创新方向有积极指导作用。因此，产学研合作的开展，对联盟内的产、学、研组织都能产生正向影响。

②核心企业带动。技术标准联盟内核心企业往往掌握了其他成员所不具备的优势资源，且在联盟网络中处于成员间信息传递的关键位置。因此，联盟内的其他成员往往向核心企业寻求资源帮助。但为了避免知识流动过程中，一些成员的"搭便车"行为，核心企业在实现其技术价值最大化时，相应地对其合作伙伴进行了筛选。这一方面避免了知识的无效流动，另一方面又极大地提高了合作产出。

③企业互助。企业互助则是技术标准产业链中不同模块间企业展开协作。在这一过程中，由于企业彼此都拥有对方所需要的知识，因此这是一个双向合作的过程。不同模块间企业性质的不同决定了企业间知识流动的双向性。换而言之，每一个企业不仅是知识输出方，同时也是知识接收方。因为合作过程中合作双方的互动交流，相互学习，且流动知识都是双方发展所需。因此，在双方间的流动，知识较易实现其价值的最大化。

（2）知识流速管理。

由于标准联盟内成员数目众多，且分布于标准化产业链中的不同模块中，彼此间缺乏有效的信息交流，联盟内成员间知识的流动速度降低。为了加速联盟知识流动，核心企业可采取的措施有：

①建立知识共享平台。知识共享平台是利用现代信息技术建立的物理媒介，主要用于公司各种显性知识的存储，平台的存在为不同思想、观念以及不同的信息处理方法的碰撞，将显性知识上升到隐性知识提供了条件[271]。建立在标准联

盟内的知识共享平台，一方面存储了联盟内不同成员的显性优势知识，为联盟成员搜寻其所需的知识提供了途径；另一方面其也为不同成员间开展知识交流提供了条件。知识获取渠道的清晰与交流沟通平台的提供，都极大程度加快了联盟知识流动速度。

②构建创新激励机制。构建创新激励机制是指联盟核心企业采取各项措施，如优化标准收益分配、加强技术分享等来充分调动联盟成员积极性，鼓励其进行创新。在联盟内，出于对自身核心竞争优势的保护，成员间在知识交流过程中，往往会有所隐瞒，这对联盟知识的快速流动极为不利。标准收益分配制度与技术共享制度的加强优化，如按成员能力强弱来分配标准收益，能力强的成员能获得较多的标准收益，而能力较弱的成员所获标准收益则相应减少。这可激励成员放弃对信息的隐藏，使成员间开展更深层次的信息交流，从而从整体上提升联盟知识流动速度。

综上，对标准联盟知识流向与流速的管理（图 5.5），推动了联盟内成员间知识的流动与共享，为联盟内成员协同合作的高效进行，联盟整体效率的提高提供了前提条件。

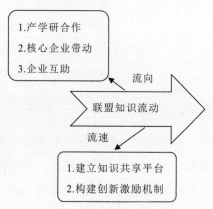

**图 5.5　标准联盟知识管理**

### 5.4.3　标准收益分配

技术标准网络外部性带来的丰厚收益与市场竞争优势，会进一步吸引更多企业参与到技术标准化中。在不同类型的配套技术开发商，如程序开发商、运营商、硬件提供商与制造商等加入技术标准联盟的同时，核心企业需对技术标准价值进行评估，同时制定合理的技术标准许可价格对技术标准带来的整体收益进行合理分配，以便使这些配套技术开发商更好地融入联盟，加速技术标准扩散，提升系统市场竞争力。

### 5.4.3.1 技术标准价值评估影响因素

（1）不确定性。

不确定性指技术标准化过程中，标准联盟核心企业不能准确估计或预测技术标准的价值。这种不确定性主要分为技术不确定性与市场不确定性。技术不确定性指技术标准本身内在技术特征对技术标准价值评估产生的影响，而市场的不确定性则是标准市场中的各种因素使得技术标准价值评估处于动态的状态。依据技术标准化不同阶段的特征，在技术标准化的不同阶段，技术与市场带来的不确定性表现各不相同，如表5.1所示。

表5.1 技术标准化阶段不确定性分析

| 标准化阶段 | 主要活动 | 不确定性分析 |
| --- | --- | --- |
| 研发阶段 | 标准研发 | 技术不确定性：技术含量；技术创新度；技术成熟度 |
| | | 市场不确定性：— |
| 产业化阶段 | 产业化 | 技术不确定性：技术应用 |
| | | 市场不确定性：潜在市场规模 |
| 市场化阶段 | 市场化 | 技术不确定性：— |
| | | 市场不确定性：标准产品生命周期 |

①技术标准研发阶段。一般言之，技术标准中的技术含量越高、创新程度越大、研发所处的阶段越成熟，则技术标准价值越高。由于技术标准研发是一个不断发展变化的过程，核心企业需根据技术经济的发展、技术市场竞争的变化和潜在消费者的需求，不断调整技术标准研发中技术的投入。因此，此阶段中的不确定性对技术标准价值评估的影响主要是技术不确定性的影响。

②技术标准产业化阶段。在这一阶段中，技术方面的不确定性主要为技术应用的不确定性，即技术标准在研发成功后，具体应用到哪些行业、哪些产品上，还难以确定。理论上认为，技术标准的应用范围越广，其价值越高。在市场方面，当潜在市场规模越大，技术标准价值越高。反之，如果一项技术标准不被市场所接受，则可以说这一技术标准无价值。因此，此阶段技术标准价值评估同时

受到技术与市场不确定性的影响。

③技术标准市场化阶段。原有技术标准技术特征稳定，市场蕴含的不确定性主要是高技术企业间技术升级换代速度加快，标准产品生命周期难以预测，技术标准市场化实现时间与扩散的范围难以确定。由于技术标准价值随着创新产品生命周期的发展而发生变化，因此，此阶段技术标准价值评估主要是受市场创新产品生命周期不确定性的影响。

（2）灵活性。

灵活性是指由于技术标准化过程面临着众多的不确定性，技术标准联盟成员在面对上述不确定性时，可根据市场变化与自身能力，灵活地选择应变措施。在技术标准化过程中，联盟核心企业可根据标准化不同阶段的特点与目标，灵活地选择技术标准许可模式与制定相应的价格，如表 5.2 所示。在技术标准研发阶段，主要是研发整合一项技术标准所需的相关技术。到了技术标准产业化阶段，为加快实现技术标准市场化，核心企业应以相当优惠的条件，如低价、免费甚至补贴的方式进行技术标准许可，吸引配套技术开发商的加入。在技术标准市场化阶段，技术标准垄断优势显现，核心企业则应通过制定合理的许可价格对系统成员进行优胜劣汰，维持标准联盟与技术标准的市场竞争力。技术标准在标准化的不同阶段，技术标准许可双方制定的策略与采取的措施有所不同，在标准化过程中，技术标准价值的变化使得其许可价格的制定也灵活多变。

表 5.2　技术标准化阶段定价策略

| 标准化阶段 | 主要目标 | 定价策略 |
| --- | --- | --- |
| 研发阶段 | 标准核心技术体系构建与完善 | — |
| 产业化阶段 | 技术标准产业化 | 低价、免费或补贴 |
| 市场化阶段 | 技术标准市场化 | 期权价值定价 |

技术标准化完成一般需要投入大量的人力与资金成本，其研发与扩散过程中蕴含的不确定性可能会导致技术标准化失败。此时，核心企业很难通过技术转让或出售收回投资，即企业的初始投资决策是不可逆的。因此，难以使用成本法、收益法等传统的方法对技术标准价值进行评估。鉴于此，麻省理工学院的教授斯图尔特·迈尔斯（Stewart Myers）于 1977 年首次提出"实物期权"定价理论，指出了实物期权方法能量化项目投资中不确定性与灵活性带来的价值[272]。在技术

标准联盟中，技术标准进行许可，可视为技术标准许可双方对一项具有不确定性与高收益的项目进行的投资。因此，针对技术标准化过程中的不确定性与灵活性特征，为保证标准价值评估的客观性与有效性，可采用实物期权方法对其价值进行评估研究。

### 5.4.3.2　技术标准价值评估模型构建

（1）实物期权价值评估原理。

与其他金融期权类似，实物期权价值评估也是一种动态的方法，主要应用于未来结果处于不确定性状态的投资方面的研究。目前使用的期权价值评估模型主要有毕苏期权定价模型（Black-Scholes）与二叉树模型。尽管二者的应用背景有所不同，但两者在本质上是完全一致的。实物期权价值评估方法的基本原理如下。

在风险中性的条件下，假设标的资产的价格为 $S$，$S$ 遵循几何布朗运动，因此有：

$$dS = \mu S dt + \sigma S dz \tag{5.1}$$

依赖于标的资产的衍生资产价格 $f$ 为标的资产价格 $S$ 与时间 $t$ 的函数 $f(S, t)$，由 ITO 引理可知：

$$df = \left( \frac{\partial f}{\partial f} \mu S + \frac{\partial f}{\partial t} + \frac{1}{2} \frac{\partial^2 f}{\partial S^2} \sigma^2 S^2 \right) dt + \frac{\partial f}{\partial S} \sigma S dz \tag{5.2}$$

与 $S$ 与 $f$ 遵循相同的维纳过程，并受到同一种不确定性因素的影响。因此，需通过构建一单位衍生资产头寸与 $\partial f / \partial S$ 单位标的资产头寸的组合以消除计算过程中的维纳过程。资产组合价值 $\Pi$ 满足等式：

$$\Pi = f - \frac{\partial f}{\partial S} S \tag{5.3}$$

在 $dt$ 时间内，组合价值为：

$$d\Pi = df - \frac{\partial f}{\partial S} ds \tag{5.4}$$

在无风险套利机会的条件下，$d\Pi$ 等于无风险利率 $r$ 的资产组合价值：

$$d\Pi = r \cdot \Pi \cdot dt \tag{5.5}$$

如果标的资产与衍生资产同时支付红利 $D$，则均衡等式为：

$$d\Pi = (df + Ddt) - \left( \frac{\partial f}{\partial S} ds + \frac{\partial f}{\partial S} \sigma S dt \right) \tag{5.6}$$

在运用实物期权模型进行价值评估研究时，由于实物资产在市场上具有不可交易性，往往是在市场上寻找一个"孪生证券"对研究对象进行复刻，以进行研究。当市场不完全、不存在或难以找到相对应的"孪生证券"时，针对这一问题，Copeland 和 Antikarov（2001）提出了出售资产负责 MAD（Marketed Asset Disclaimer）假设，即实物资产价值是实物资产交易情况下其市场价值的无偏估计且与其完全相关[273]。这一假设的存在，扩大了实物期权价值评估模型的应用范围。

技术标准作为一项虚拟资产，在实施许可时，技术标准许可双方往往只就技术标准的使用权与经营权进行交易，技术标准开发商仍持有技术标准所有权。技术标准进行许可，许可双方除可获得技术标准带来经济收益与市场竞争优势外，同时还要面对技术标准化过程中技术、市场等不确定性可能带来的损失。因此，可将技术标准许可看成是标准联盟成员在将来的某一时间内利用技术标准的一种扩张权，即其许可双方对具有不确定性与高收益项目的投资。在技术标准研发与产业化阶段，联盟核心企业标准许可目标与策略不同，且没有完善的市场信息对技术标准价值进行评估。因此，本书只对处于技术标准扩散期的技术标准价值评估进行研究。

（2）模型构建。

在技术标准市场化阶段，市场上技术标准产品数随机波动，设技术标准产品数为 $x$，$x$ 遵循几何布朗运动，则：

$$dx = a_x x dt + \sigma_x x dz \tag{5.7}$$

等式（5.1）中 $a_x$ 为预期产品数量增长率，$\sigma_x$ 为产品数量波动率，$dz$ 是一个标准维纳过程，在 $x$ 在 $dt$ 时间内的变化率为 $dx/x$。

在时间 $t$ 技术标准的期权价值 $V$ 为技术标准产品数 $x$ 与时间 $t$ 的函数 $V(x, t)$。根据 Ito 定理，$V$ 满足下列等式：

$$dV = \left( \frac{\partial V}{\partial x} a_x x + \frac{\partial V}{\partial t} + \frac{1}{2} \frac{\partial^2 V}{\partial x^2} \sigma_x^2 x^2 \right) dt + \frac{\partial V}{\partial x} \sigma_x x dz \tag{5.8}$$

技术标准作为一项新生的事物进入市场，在市场上难以找到与其完全相关的股票或债券来作为技术标准期权价值研究中的"孪生资产"。依据 MAD 假设，可直接将技术标准期权价值作为标的资产进行计算。

根据 Dixit 和 Pindyck 资产定价理论[274]，当标的资产与衍生资产支付股利 $D$

时，$V$ 满足等式：

$$\frac{1}{2}\frac{\partial^2 V}{\partial x^2}\sigma_x^2 x^2+\frac{\partial V}{\partial x}\ (r-\delta_x)\ x+\frac{\partial V}{\partial t}-rV+D=0 \qquad (5.9)$$

等式（5.9）中 $r$ 为无风险利率，$\delta_x$ 为派息率。

等式（5.9）的成立消除了技术标准价值评估中创新生态系统成员风险偏好因素的影响，使得技术标准期权价值评估在一个风险中性的条件下进行，这与实物期权价值评估模型中的所有投资者都是风险中性的假设相一致。

根据 CAPM 理论[274-275]，设 $a_x-\lambda_x\sigma_x=r-\delta_x$，其中 $\lambda_x$ 为变量 $x$ 的市场风险价格，且 $\lambda_x$ 值满足等式：

$$\lambda_x=\frac{\mu_x-r}{\sigma_x}=\frac{E\ (R_m)\ -r}{\sigma_m}P_{xm}=\frac{1}{\sigma_x}[E\ (R_m-r)]\beta_x \qquad (5.10)$$

等式（5.10）中，$\mu_x$ 是变量 $x$ 的预期收益率，$E\ (R_m)$ 表示资产组合的期望收益率，$P_{xm}$ 为变量 $x$ 的收益与资产组合 $m$ 的收益之间的比例，$\beta_x$ 为变量 $x$ 的市场贝塔系数，表示 $x$ 相对于总体市场波动性的数值。在金融市场上，当某一资产的波动率越大，意味着其市场预期收益越高。因此，$x$ 的预期收益率 $\mu_x$ 与无风险利率 $r$ 之间的差 $\mu_x-r$ 等于 $x$ 的市场价格与其波动率 $\sigma_x$ 的乘积，即 $\mu_x-r=\lambda_x\sigma_x$。

为了调整 $x$ 的市场风险，设 $a_x-\lambda_x\sigma_x$ 等价于一个新的增长率 $a_x$，即

$$a'_x=r-\delta_x=a_x-[E\ (R_m)\ -r]\beta_x \qquad (5.11)$$

设技术标准大规模市场应用开始的时间 $t=0$，技术标准市场占据时间（直到新的标准出现）为 $n$，任意时间段 $t$（$t=1$，2，3，$\cdots n$）的技术标准产品价格为 $P_t$。如果在时间 $t$ 的预期技术标准产品数量为 $x_{et}$，最低技术标准产品数量为 $x_{gt}$，则 $x_{gt}=\pi_t x_{et}$，其中 $\pi_t$（$\leqslant1$）为最低用户数与预期用户数之间的比率，$x_0$ 为最初预期产品数量，则在时间 $t$ 的总收入为 $Bt=P_t x_{et}$。

根据等式（5.3）和（5.5），$V$ 满足等式：

$$\frac{1}{2}\frac{\partial^2 V}{\partial x^2}\sigma_x^2 x^2+\frac{\partial V}{\partial x}a'_x x+\frac{\partial V}{\partial t}-rV=0 \qquad (5.12)$$

设等式适用的边界条件为：

（1）$V=P_t\cdot\max\ (x_{gt}-x_T,\ 0)$（在到期日之前，技术标准期权价值）；

（2）当 $x\rightarrow0$ 时，$V=P_t\cdot x_{gt}$（当产品数量趋于 0 时，技术标准期权价值）；

（3）当 $x\rightarrow\infty$ 时，$V=0$（当产品数量趋于无穷时，技术标准期权价值）。

等式（5.12）为抛物线型的偏微分方程，其中变量 $x$ 的变化遵循随机过程。与物理学中的一维热传导方程类似，等式（5.12）可转化为扩散方程。在边界条件的约束下，方程（5.12）的解析解为：

$$V = P_t\left[ x_{gt}\mathrm{e}^{-rT_1}N\left( -\left[ \frac{\mathrm{In}\ (x_0/x_{gt})\ +\ (a'_x-\ (\sigma_x^2/2)\ )\ T_t}{\sigma_x\sqrt{T_t}} \right]\right) -\right.$$

$$\left. x_0\mathrm{e}^{-\delta T_t}N\left( -\left[ \frac{\mathrm{In}\ (x_0/x_{gt})\ +\ (a'_x+\ (\sigma_x^2/2)\ )\ T_t}{\sigma_x\sqrt{T_t}} \right]\right) \right] \tag{5.13}$$

$N(\cdot)$ 表示标准正态分布的累积概率分布函数。

在等式（5.13）中，技术标准期权价值 $V$ 为技术标准产品数 $x$ 与时间 $t$ 的函数 $V(x, t)$。因此，$V$ 是一个动态值。

## 5.5　核心企业管理能力对标准化的影响

技术标准联盟核心企业通过运用管理能力对企业与标准联盟进行管理，在满足标准化实现所需资源供给的同时，也对参与标准化的企业组织进行了优化，为技术标准化高效实现提供了保障。

### 5.5.1　满足标准化资源需求

资源是技术标准化推进并最终实现所必不可少的物质基础，对标准化资源的需求促进了核心企业管理活动的发生。

在核心企业层面上，企业通过采取相应的管理措施，对标准化发展所需资源进行整合运用。一般情况下，企业为了维持自身的生存发展，需利用企业资源完成的经营活动可能涉及研发、生产与销售等各个方面。这一方面在一定程度上分散了企业的优势资源，导致企业实施标准化战略时出现资源的相对短缺；另一方面，企业经营活动不同部门的系统完善，相对容易忽略分散在企业内部各个部门间的标准化活动，使得企业标准化活动不能顺利进行。核心企业内部标准化的管理，将技术标准化作为企业一项专门的运营活动进行管理，在资源与推进方面都为其提供了保障。

在标准联盟层面上，联盟成员企业的存在，弥补了核心企业资源的不足。对任何一个企业而言，其自身所拥有的资源总是有限的。当企业所拥有资源不能满足企业目标需求时，在企业核心资源不流动的条件下，与其他企业进行资源的共享与合作，就成为解决企业资源限制的有效途径。

### 5.5.2　标准化组织优化

在核心企业中，技术标准战略的实施涉及企业内部的财务、研发与人力资源等各个职能部门。当企业内部没有设置明确的标准化目标时，不同职能部门在标准化中就不能发挥各自明确的作用，同时彼此间围绕标准化也不能建立有效的交流与协作。当核心企业对企业内部的标准化过程进行管理时，明确了各职能部门在企业标准化中所承担的职责，同时对应的内部标准知识管理与标准项目建设，也为不同部门间开展顺畅的交流协作提供了前提条件。

对标准联盟组织的管理，一方面保证了加入联盟的企业能提供技术标准化实现所需的资源。技术标准化实现的重要基础是研发、生产与营销等不同类型资源的共同作用，这一过程中，标准化发展对不同资源的需求并不是越多越好，而是有一定的限制，例如核心企业青睐拥有与其自身研发技术互补配套技术研发资源的企业。通过对联盟成员企业的筛选，保证了加入联盟的企业都能在标准化实现中发挥各自的作用。另一方面促进了联盟内信息的共享，提高了联盟成员合作效率。一个技术标准联盟往往由众多掌握不同资源的企业构成，成员企业间由于知识基础、沟通渠道等各种因素的影响，导致彼此间的信息并不透明。核心企业通过对联盟进行管理，推动了标准化信息在联盟内的流动，使得每个成员企业都能获得全面的信息，从而为联盟各成员开展高效的标准化活动提供了依据。

## 5.6　本章小结

本章对高技术企业与技术标准联盟这两个标准化主要组织的管理能力进行了研究。首先，在分析高技术企业与标准联盟特点及其在标准化中重要性的基础上，指出了在标准化过程中，高技术企业面临着企业内部复杂性与外部多样性的挑战，标准联盟则存在着种种利益冲突问题。为了更好发挥企业与联盟组织对技术标准化发展的推动作用，核心企业需运用管理能力，解决这些挑战与冲突。接着，从企业技术标准化战略实施的角度，提出在企业管理方面核心企业采取的管理措施包括内部技术标准知识管理、标准化配套项目建设与技术标准产品市场开拓等三个方面，其中标准知识管理是企业标准化的基础，配套项目建设是标准化实现的保障，标准市场开拓则是标准化实现的关键；同时，为了保障技术标准联盟稳定高效的运行，联盟核心企业通过合作伙伴选择、联盟知识流动管理与标准利益分配等管理行为解决联盟中存在的种种利益冲突。最后，在企业与技术标准联盟两个层面上，提出管理能力能满足标准化实现的资源需求并优化参与标准化的组织。

# 第 6 章 | 标准化过程核心企业关系能力

企业关系网络是核心企业战略资源之一，是企业核心竞争力的来源，也是企业标准化成功的重要因素。核心企业与关系网络中影响技术标准化发展为组织建立的各种联系，就是核心企业关系。美国经济学家 Morgan（1996）首次在其著作中提出了关系资本，他指出了关系对企业发展具有价值[276]。居延安（2003）也认为关系是一种资本，且存在于市场关系、买卖关系、伙伴关系等不同的形式中[277]。关系的存在，能帮助企业获得与企业经营相关的重要的个性化知识[278]，同时也有利于企业获取其所需的资源。因此，构建关系网络，获取标准化相关信息与资源，推动标准化发展，是标准联盟核心企业的重要任务之一。

## 6.1 核心企业关系能力概述

### 6.1.1 核心企业关系分析

#### 6.1.1.1 关系特征

核心企业关系建立对象是其他影响标准化发展的组织，建立的目的是为了更好地实现企业与联盟标准化目标。在技术标准化呈现出动态性与复杂性的基础上，核心企业与周围组织之间的关系通常具备以下特征：

（1）普遍性。普遍性指在技术标准化过程中，核心企业与其他相关组织之间的联系普遍存在。一则，核心企业在日常运营中离不开其他组织，因为在以盈利为目的的日常运营中，企业与外部其他组织之间存在信息与资源的交流；二则，技术标准化发展涉及大量信息与资源，使得核心企业在获取外部信息与整合标准化所需资源过程中与其他组织建立起联系。

（2）多样性。多样性是指核心企业与种类、数量多样的组织存在类型各异及紧密程度不一的联系。一方面，标准联盟核心企业在标准化过程中需要与企业、政府、金融组织等各方组织建立联系，以满足标准化对各项资源的需求。因此，核心企业就与各类型组织建立了技术、经济、政策等各方面的关系。另一方面，因为资源稀缺程度不一，核心企业与不同组织联系的紧密程度也各不相同。

（3）动态性。由于技术标准化是一个不断发展变化的过程，技术标准在不同阶段呈现出不同的特征，且不同阶段标准联盟制定的目标也有所不同。因此，为了实现不同阶段的目标，满足不同阶段信息与资源的需求，核心企业与相关组织的联系也在不断调整变化。

### 6.1.1.2　关系种类

按照联系对象的不同，企业关系通常分为商业关系与政治关系两大类[279]。商业关系是企业与供应商、客户、竞争者、大学、研究机构等之间的联系[280]。依据技术标准化的发展，核心企业与供应商、客户之间存在供需关系，与大学、研究机构之间建立合作关系，而与竞争者之间就标准市场份额开展竞争。

政治关系则主要是企业与政府之间存在的某种联系[281]。政治关系的存在，有利于核心企业获取技术标准化发展所需的一些稀缺性资源，如财务、土地与人力等掌握在国家政府组织手中的资源[282]。这些稀缺资源的获取，对技术标准化的发展具有积极显著的推动作用。因此，需要大量资源的技术标准化发展就离不开政府的作用。

在核心企业与不同组织机构建立的种种关系的共同作用下，核心企业获取了对标准化发展有积极推动作用的各种信息与资源，在此基础上技术标准联盟推动联盟标准不断向前发展，并最终实现企业与标准联盟标准化战略目标。

### 6.1.1.3　关系作用

核心企业关系的存在，对技术标准化实现有积极推动作用。首先，关系降低了市场竞争的不确定性[283]。与合作伙伴、政府等组织建立良好的商业和政治关系，主导企业可获取更多的信息与资源，从而发现更多市场需求，并能根据市场变化及时调整企业行动，这有助于核心企业积极应对标准化中市场带来的不确定性。

其次，关系缩短了产品开发生产周期[284]。核心企业可从大学、研究机构的关系中获取技术方面的优势，而与配套开发商进行协同合作则缩减了核心企业所付出的时间与合作成本，降低了企业面临的风险，这都极大地提高了标准产品的研发生产速度。

最后，关系有助于核心企业更好地获取知识[285]。出于利益的考虑，联盟中成员企业在进行知识交流时，对其核心知识会有所保留，这在一定程度上影响了核心企业所获取知识的质量。而与成员良好关系的建立，有利于彼此间知识交流的深入进行。

### 6.1.2 核心企业关系能力分析

#### 6.1.2.1 关系能力内涵

关系能力是核心企业与外部合作伙伴开展战略互动，获取外部核心异质资源，与企业内部资源整合，提升企业竞争力的能力[286]；反映的是与标准化发展相关组织对核心企业参与制定技术标准的认可程度，是标准联盟核心企业实力的一种体现。作为企业实力的体现，关系能力来源于核心企业对不同资源的掌握与运用。在结合技术标准化特征与关系能力来源的基础上，核心企业关系能力的一般特征可以总结为：

第一，能力来源的不一，使得不同企业关系能力存在较大差异。一则，由于核心企业本身性质与所有资源的不同，直接影响了核心企业与不同组织之间的联系。如同一产业内企业间联系较不同产业间企业联系则更为紧密。因此，不同企业关系能力类型有所不同。二则，因为资源丰富程度不一，不同企业间相同的关系能力表现出强弱不一。如研发资源丰富的企业之间能开展长期紧密的共同研发活动，而研发资源较少的企业间开展的共同活动则较少，关系紧密程度也相应较浅。

第二，为了适应技术标准化不同阶段的变化，核心企业不断调整关系能力。关系能力目的之一就是推进企业标准化战略目标的实现，而企业战略目标实现是一个与外部环境相适应的动态变化调整过程。因此，为了适应企业标准化战略发展的动态变化，核心企业关系能力呈现出动态变化特性。

关系能力的核心是整合与运用外部关系资源，依据企业关系的来源，核心企业关系能力主要表现在市场与政治两方面。（1）市场方面是核心企业与市场相关组织间建立与维系商业关系的能力。核心企业与相关组织之间存在着各种联系，并将这些联系转化为核心企业可用的市场资源。（2）政治方面则是核心企业与政府机构建立与维护政治关系的能力。良好的政治关系有助于核心企业应对标准化中政治的不确定性，提高标准化成功概率。政治方面的关系能力对标准化发展也至关重要。

因此，核心企业关系能力的具备与运用有利于降低核心企业外部资源获取成本，提升企业对外部不确定环境的适应性；同时也对发挥关系资源作用，实现外部关系资源价值最大化有重要作用。

### 6.1.2.2　关系能力构成

良好关系是技术标准化高效发展的重要条件，良好关系的建立与维持需要核心企业构建一个有效的关系网络。依据关系网络的构建与发展过程，核心企业的关系能力分别由关系建立能力、关系发展能力与关系运用能力构成。

（1）关系建立能力。

关系在核心企业实施标准化战略中的作用不容忽视，而建立关系就是通过一定手段与标准化相关组织进行联系，使双方对彼此都有所了解，为后续进一步的合作奠定基础。关系建立能力主要指核心企业利用各种方法与相关组织建立联系，并将其纳入企业关系网络的能力。关系建立能力是构成核心企业关系能力的重要基础，一则关系建立能力决定了核心企业关系网络中成员的数量与结构，并通过关系影响核心企业所获取的外部信息与资源，进而影响标准化进程；二则关系建立能力影响着关系能力中关系发展与关系运用能力的效果，因为关系发展与关系运用能力效用基础是主导企业建立的关系网络。当关系网络规模越大，网络成员间联系越紧密，关系发展与关系运用能力给核心企业带来的价值将越高。

（2）关系发展能力。

在关系网络中，由于企业间信息的不对称与竞合关系的存在，网络内出现了"机会主义行为"。机会主义行为的存在，导致了"搭便车"与"道德风险"等一系列影响关系发展的消极行为出现[287]，极大阻碍了网络内组织间联系的广度与深度，对关系网络的发展产生负面影响。因此，为了保持关系网络平稳发展和高效运行，对关系网络中组织采取有效措施，进而加深彼此间沟通与了解的能力就是核心企业关系发展能力。关系发展能力的存在，是发挥关系网络作用的关键。

（3）关系运用能力。

核心企业建立关系网络想要实现长久运行离不开核心企业的关系运用能力。

关系运用能力是从关系网络中充分获取所需信息与资源的能力，这也是核心企业关系网络建立的主要目的。但核心企业关系的运用并不仅仅是核心企业从关系网络中获取利益，而是与网络中成员的利益交换。只有关系双方都能从关系网络中获得利益，网络中所有的成员才会有保持与主导企业联系的积极性，核心企业关系网络才能得到长久发展。

构成核心企业关系能力的三种能力关系如图6.1所示。关系建立能力是关系发展能力与运用能力的基础，建立能力的强弱决定了后续发展能力与运用能力的发挥；关系发展能力是关系建立能力的调整，且影响核心企业通过运用能力从关系网络中获取利益；关系运用能力则通过关系网络中的信息与资源获取来检验关系建立能力是否满足标准化需求，如果不满足，则运用建立能力对其进行补充，使其达到核心企业要求。

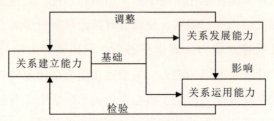

图 6.1　核心企业关系能力构成

## 6.2　核心企业关系建立能力

### 6.2.1　关系网络构成

技术标准化战略实施过程中，核心企业与外部组织建立多种多样的联系，来增强企业所获资源与扩大企业信息范围。根据关系网络中组织的性质与特征，这些组织可划分为科研组织、商业组织、中介组织与行政组织。

#### 6.2.1.1　科研组织

科研组织是从事知识生产活动、培养科研人才的群体或组织[288]，其组织成员是"科学家"这一群体，主要任务是扩充新的知识领域[289]。但随着市场经济的发展，在企业纵向一体化发展需要、科研组织解决经费与市场化经验不足等因素的驱动下，科研组织越来越多地与企业进行整合[290]，其研究的范围也愈加贴近市场。与其他类型的组织相比，科研组织的核心竞争力主要表现在战略、人才、科教、科研及合作方面[291]。因此，与科研组织建立关系对核心企业技术标准化发展的作用有：

（1）解决核心企业标准化中技术方面遇到的阻碍。新兴技术标准在一定程度上代表了目前技术发展的最新进展，正因为新，所以在技术研发方面，核心企业会面临诸多困难。同时在技术周期不断缩短的压力下，核心企业难以获得充分的时间来解决问题。而科研机构在科研方面具有的优势就成为核心企业解决技术问题的重要助力。

（2）向核心企业输送大量人才。科研组织在人才培养方面掌握着人才、资金与设备等大量资源，同时也积累了大量关于人才培养的经验。这使得科研组织能培养出大量掌握各项技能的人才，这些人才又成为核心企业未来发展的重要基础。

因此，核心企业关系网络中科研组织的存在，满足了核心企业技术方面信息与资源的需求，同时也为核心企业的长期发展提供了人才储备。

### 6.2.1.2　商业组织

商业组织是指从事商业活动，获取利益的组织，在核心企业关系网络中的商业组织主要是影响标准化进行的企业。按照这些企业与核心企业之间的关系，可分为合作企业与竞争企业两大类。

合作企业指与核心企业在推进技术标准化过程中就某一方面展开合作的企业，核心企业通过与企业的合作，获取了企业自身所缺乏的信息与资源，弥补了核心企业标准化中的不足。

竞争企业则是与核心企业争夺某一方面利益的企业。竞争企业的存在，一方面分割了核心企业获取的利益，阻碍了核心企业标准化的发展；但另一方面通过竞争企业，核心企业能够获取当前市场发展的外部信息，对核心企业采取正确的标准化措施有积极指导作用。因此，竞争企业与合作企业都是核心企业关系网络中不可缺少的部分。

### 6.2.1.3　中介组织

中介组织是指依据专业知识与技能，向核心企业提供中介服务的组织，主要有律师事务所、会计事务所、咨询机构、资产评估机构与非盈利性金融机构等。

中介组织的作用主要有：（1）降低核心企业交易成本[292]。通过中介机构的专业服务，核心企业能够快速且精准搜寻到其所需要的信息与资源，且中介机构同时提供与目标对象之间沟通协调的服务，从搜寻与交易两个方面为核心企业节约了成本。（2）提高交易市场公平性[293]。中介组织提供的各种信息，提高了市场交易透明度，降低了核心企业标准化过程的不确定性。

### 6.2.1.4　行政组织

行政组织是国家为推行政务，依法组建的管理国家行政事务的机构，是国家公共行政的主体，是实现行政职能与任务的组织体系[294]。虽然不直接参与市场经济活动，但行政组织的存在，影响着核心企业技术标准的制定。首先，行政组织的存在，影响技术标准间竞争。因为技术标准具有一定的公共物品属性，为了避免企业自利而导致的社会福利降低[295]，行政组织通过制定相关政策干预技术标准竞争。其次，由于一项技术标准或多或少存在着一些不足，核心技术标准的确定不仅是市场竞争，更是政治竞争[296]，行政组织的存在，不可避免。最后，在行政组织的支持下，核心企业能以更低的成本或更优惠的条件获得资金、技术等方面的资源。

综上所述，因为关系网络会给核心企业带来种种帮助，因此，核心企业为了提升自身竞争力，推动技术标准化加快实现，就需建立一个高效的关系网络。

### 6.2.2　关系建立路径

核心企业与不同组织间的联系不是凭空产生的，而是通过一定的途径彼此间才能建立关系。按照建立关系对象的不同，核心企业关系建立的方式主要有以下几种。

### 6.2.2.1　核心企业-科研组织关系建立

核心企业与科研组织之间关系建立主要包括技术转让、委托研究、联合研发与人员交流四种具体形式。

（1）技术转让。技术转让主要是科研组织的研究成果向核心企业转移。利用在科研方面具有的显著优势，科研组织往往能研发出技术较先进、操作性也很强的技术成果。但科研组织在科研成果市场化方面缺乏资源与经验，往往以合作或许可的方式将其科研成果转让给主导企业。核心企业经过市场化操作，在实现科研成果价值的同时获取相应的收益。这是一个双方都能获利的方式，但由于彼此间接触时间短暂，因此，核心企业与科研组织建立的关系较松散。

（2）委托研究。委托研究是核心企业将其在技术方面遇到的问题委托给科研组织进行研究的行为。在这一过程中，核心企业根据遇到的问题，有针对性地选择具备相关能力的科研组织，并向其提供一定的资金与技术方面的支持。同时科研组织依据主导企业的要求，进行相关研究。因为这是一个委托—代理的契约过程，核心企业与科研组织不发生知识流动，因此，双方建立的关系也较为松散。

（3）联合研发。联合研发是核心企业与科研组织针对同一技术问题，共同寻求解决方法的行为。在实际操作中，核心企业与科研组织往往各自选派一些人员，组成临时项目组或建设合作基地等形式开展工作。在解决问题的过程中，双方彼此间进行了技术与知识的交流，因此，通过联合研发建立的关系较为紧密。

（4）人员交流。除为解决技术问题而建立的关系外，核心企业与科研组织建立联系的方式还有人才交流。人才交流是核心企业与科研组织间人员的流动，主要有核心企业通过聘请的方式请科研组织人员担任企业顾问或兼职专家，或以短期培训的方式向科研组织派遣企业员工。因为组织人员积累了组织独特的技术与经验，因此人才间的流动，同时也带动了核心企业与科研组织间的知识的流动。核心企业可依据企业需求，引进技术或解决技术问题，选择与科研组织建立联系的最优方式。

### 6.2.2.2　核心企业-商业组织关系建立

因为商业组织经营的目标是追求利益，其与核心企业建立联系的动机也是为了获取更多的利益。因此，核心企业与商业组织的联系方式主要有以下两种。

（1）技术许可。成功的技术标准化将带来巨大的竞争优势与丰厚的收益，众多的商业组织纷纷加入到技术标准制定的过程中。而某一组织能获取到多少标准带来的收益，往往取决于其所做的边际贡献[297]。为了获取更多收益，参与的商业组织希望可以在标准化中承担更为重要的任务。

技术标准由众多技术专利构成，但标准核心技术专利是决定技术标准竞争力的主要因素，同时也是标准化产品研发与推广等一系列活动开展的基础，它往往掌握在标准联盟核心企业手中。为了保障标准化高效进行，核心企业将核心技术专利授权许可给在生产方面具有优势的商业组织，利用商业组织在产品生产方面的优势，加速标准化实现。而为了提高其在标准化中的重要性，进而获取更多技术标准带来的收益，商业组织选择与核心企业建立联系。

（2）项目合作。除了进行技术许可，为了快速高效实现标准化，核心企业与商业组织建立关系的方式还有项目合作，即拥有不同优势资源的双方就某一目标展开合作，以实现利益最大化。具体的项目合作常见于技术标准推广方面，主要原因在于商业组织拥有完善的市场推广渠道与一定基础的市场用户规模，可以实现技术标准快速的市场扩散。

### 6.2.2.3 核心企业-中介组织关系建立

中介组织因为在专业知识与技能方面具有显著优势，因此，核心企业与中介组织建立关系常见的方式是委托—代理服务。详细的操作步骤有：核心企业首先了解自身的具体需求，即具体是需要法律、资产评估还是金融等哪方面的服务；然后根据企业需求，寻找符合需要的中介组织；接着与中介组织签订协议，将企业的详细要求告知中介组织；最后，中介组织按照核心企业要求提供服务，核心企业支付相应的报酬。

在双方关系建立的过程中，作为服务发起方，核心企业往往处于主动的地位。而作为以提供服务进而获取收益的组织，中介组织为了获取更多的收益，可通过储备专业资源，提高宣传等措施，来吸引核心企业。

### 6.2.2.4 核心企业-行政组织关系建立

行政组织作为为社会服务的特殊组织，其与核心企业关系建立的目的更多地是为了提高社会福利，采用的方式主要有：

（1）政府采购。政府采购是指各级政府机构为了满足日常运行或公共服务的需求，利用国家财政资金或政府借款的方式向核心企业购买物品或服务的行为。对政府而言，政府采购保障了政府组织的正常运行，提高了社会公共福利，同时也提高了财政资金的利用率，促进了社会资源的有效利用。对核心企业而言，政府采购能够形成强大的市场需求，对企业开展技术创新有积极的拉动作用。此外，政府采购中的具体要求，为核心企业开展技术创新指明了方向，同时也降低了企业技术创新中的不确定性[298]。因此，这是一个对核心企业与政府都能获得益处的关系建立的方式。

（2）政企合作。虽然核心企业与政府两个组织在性质与目标上存在很大区别，但在一定条件下，两者之间也能通过合作建立关系。核心企业希望通过与政府合作，进而获得政府支配的大量资源与政府政策的支持；而政府与企业合作的目的则是为了创造一个有序的市场竞争环境，减缓外部竞争的波动。当政企双方就某一项目达成共识时，就促成了合作的开展。

综上，核心企业与不同组织建立的关系网络如图 6.2 所示。核心企业通过技术转让、委托研究、项目合作等不同方式分别与科研、中介、商业与行政等不同组织建立关系，且这些组织间并不独立存在，彼此间也存在着不同的联系，最终形成一个成员相互联系的关系网络。

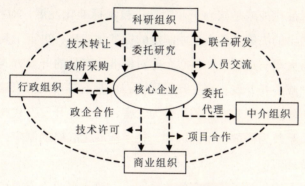

**图 6.2 核心企业关系网络图**

### 6.2.3 关系建立影响因素

虽然核心企业与关系网络内的组织间都存在着一定关系，但这些关系在强度与紧密程度上各不相同。而导致这一现象出现的影响因素有核心企业资源基础与技术标准化战略等。

#### 6.2.3.1 核心企业资源基础

企业资源基础是指企业拥有各项资源的多寡[299]，而资源的多寡通常表现为市场竞争力与市场地位。一般情况下，核心企业的市场竞争力越强，市场地位越高，其建立的关系网络就越大，同时与网络内成员建立的关系也越紧密。其原因在于以下两方面。

（1）企业竞争力越强，地位越高，市场知名度就越高，对应的关系建立的概率就越高。企业竞争力强与地位高体现了这一企业解决问题的能力强与企业目前经营状况良好，这也意味着企业在市场运行中所储备的知识与经验都相当丰富。科研、行政等组织在寻找合作者时，为了降低合作中存在的不确定性与风险，往往选择市场口碑良好的企业。此时，知名度高的核心企业成为相关组织合作伙伴的概率就大大提高。这一原则对核心企业在寻求合作伙伴时同样适用。

（2）企业资源越丰富，其与相关组织建立的关系越紧密。在核心企业与相关组织建立的双向联系中，决定双方之间联系紧密程度的是彼此间资源共享的深度。只有当双方资源都是对方所需、且各自掌握的资源都达到一定程度时，在企业与组织间开展的合作才会越深入，在此基础上双方建立的关系才会越紧密。

### 6.2.3.2　核心企业标准化战略

核心企业标准化战略是核心企业为推进技术标准化发展，对投入资源时间、种类与途径所做出的决策。核心企业制定的标准化战略，决定了其围绕技术标准构建的关系网络大小与结构。如核心企业对标准化产品的开发方式，可以是自主开发、联合开发或委托开发，自主开发则核心企业不与其他组织建立关系，联合开发核心企业与相关组织建立的关系较为紧密，而委托开发方式核心企业与相关组织间建立的关系较为松散。由此可知，技术标准化战略的制定，是核心企业关系建立的重要依据。

由上述分析可知，为了构建有效关系网络，核心企业一方面在技术与资源方面不断提升自身实力，使核心企业成为其所在领域内的最优选择；另一方面也需制定正确的技术标准战略，以充分获取关系资源给标准化发展带来的积极作用。

## 6.3　核心企业关系发展能力

核心企业关系网络的构建是一个动态的过程，核心企业与不同组织间建立的关系也处于不断变化过程中。为了保持核心企业关系网络结构的完整，使关系网络达到有序运行的状态，核心企业需对影响关系网络发展的因素进行有效管理。

### 6.3.1　关系网络影响因素

#### 6.3.1.1　信息透明度

信息透明度是指核心企业与关系网络组织对彼此信息的了解程度。信息透明度高，关系双方了解程度深，则双方间建立的关系更为紧密。主要原因在于：

（1）信息透明度提高，有助于核心企业选择更为匹配的组织建立关系。当核心企业需要与相关组织建立关系时，面临的选择对象多种多样，如何从这其中选择最为合适的对象，一个重要的条件就是核心企业要对这些组织有所了解。一般而言，核心企业获取的信息越多，核心企业做出的决策就越正确。因此，在关系建立前，向对方提供尽量多的有效信息，可以确保双方建立的关系稳定。

（2）信息透明度提高，便于关系双方开展深度的互动交流。随着核心企业与关系网络中各相关组织之间互动交流程度的加深，有助于核心企业锁定关系网络中的组织。当建立关系的双方彼此间了解程度加深时，双方围绕技术标准化开展的合作更为深入，彼此间出现一定程度的路径依赖，中介、商业、科研与行政等相关组织因而被锁定在核心企业建立的关系网络中。

### 6.3.1.2　沟通流畅度

沟通指企业间正式或非正式的交流和及时的信息共享[300]。沟通流畅可以确保核心企业与关系网络中相关组织开展的交流及共享的信息全面且深入。

（1）在核心企业与相关组织进行信息交流时，由于各种因素的干扰，如双方的知识基础、传递的流程等，都会影响双方交流信息的质量，不利于双方交流的深入开展。顺畅的沟通有助于信息传递双方确认传递信息的全面，为关系双方开展有效的合作、提高合作绩效提供前提与条件。

（2）与关系网络组织的顺畅沟通，是核心企业完成关系网络管理的有效方式。因为关系网络中成员众多，且不同成员所担负的任务有所不同。与网络中成员组织的顺畅沟通，确保了每一成员都准确了解自身目标，可避免关系网络成员因各自角色不明而引起的关系网络混乱，为核心企业管理关系网络奠定了基础。

但因为各种因素的影响，核心企业与关系网络内的组织之间不可避免存在着信息有所保留与沟通不畅的现象。当信息透明度低、核心企业与关系网络成员沟通不畅时，关系网络中出现通过提供不实或失真信息以追求自我价值最大化的机会主义行为[301]。机会主义行为的出现，会损害核心企业或整个关系网络的潜在利益[302]，进而影响核心企业关系网络的发展，并最终不利于技术标准化的实现。

## 6.3.2　关系网络成员机会主义行为

### 6.3.2.1　机会主义行为的表现

（1）"搭便车"行为。Olson 于 1965 年在其著作《集体行动的逻辑：公共物品与集团理论》（*The Logic of Collective Action：Public Goods and the Theory of Groups*）中首次提出了搭便车理论，其基本含义就是不付出对应的成本而享受他人带来的收益[303]。产生这一现象的根本原因在于当处在一个利益共同体中时，一方出于投机心理，并利用信息的不透明与沟通的不畅，而出现的"滥竽充数"行为。

（2）"敲竹杠"行为。"敲竹杠"是指在关系建立后，某一方利用对方弱点获得利益的行为，一般有两种形式：减少在合作中的付出与再次合作的威胁行为[304]。减少在合作中的付出，主要是关系的某一方利用关系网络中信息传递的漏洞，在合作中对自身的付出有所保留，却享受合作带来整体收益的行为。而产生再次合作威胁行为的主要原因在于，合作中关系双方投入的专用性资产，如校企间建立的联合实验室与合作基地等，因为资金或设备等已转化为相应的固定资产，使得双方在下次合作时容易出现威胁行为。即关系某一方希望可以获得更多利益，否则就威胁终止合作。

### 6.3.2.2 机会主义行为的影响

（1）影响技术标准化战略的实施。核心企业在构建关系网络时，网络中组织成员的选择依据是标准化战略实施需求。换句话说，关系网络组织成员在标准化发展中都扮演着特定的角色，当整个关系网络中的组织成员发挥其应有的作用时，标准化才能顺利实现。当某一组织成员没有充分发挥其作用时，就会使推动标准化发展的某一环节出现缺失，进而影响整个目标的实现。

（2）不利于关系网络的运行与发展。关系网络稳定运行与发展的一个重要前提是网络中的成员组织都能获得与其付出相对应的回报。当某一成员获得不对应收益时，就会损害其他成员的利益，进而使其他成员在合作中有所保留。当所有成员缺乏合作的热情时，整个网络就会趋于解散。

### 6.3.3 核心企业对策

针对关系网络中不可避免的机会主义行为，为了降低损失，核心企业引入第三方监管机制，对相关组织行为进行监督，并对存在机会主义行为的组织采取相应的惩罚措施。其作用机理如下所示。

假设核心企业与关系网络组织成员在正常经营过程中，各自获得的收益分别为 $\pi_1$ 与 $\pi_2$；通过建立关系，进行资源共享时所创造的收益为 $\pi_n$；但只有关系双方进行深入交流时，创造的收益 $\pi_n$ 才会大于 0。在关系建立的初始阶段，为了降低双方投机心理，增加沉没成本，双方各自投入资源的价值都为 $I$。如果在关系发展过程中，相关组织出现了机会主义行为，则核心企业遭受的损失为 $L$，同时网络组织成员通过机会主义行为获得的收益为 $R$。

尽管在关系发展过程中，关系双方投入资源的价值相同，但由于各自在技术标准化中承担任务的重要性不同，因此，所获取的收益也各不相同。假设核心企业获取的收益为 $\sigma\pi_n$，网络组织成员获取的收益对应为 $(1-\sigma)\,\pi_n$，其中 $\sigma$ 为关系双方在标准化中所做贡献的比例，且 $\sigma\pi_n-1>0$，$(1-\sigma)\,\pi_n-1>0$，否则双方之间不会建立关系。

当核心企业引入第三方监管机制后，对出现机会主义行为的组织采取惩罚措施，使其产生价值为 $F$ 的损失。与此同时，惩罚措施的实施造成了核心企业与相关组织之间关系紧密程度的降低，并由此导致共享创造收益的降低，核心企业因此产生的损失为 $C$。当网络相关组织成员损失价值越高时，对应的核心企业所遭受的损失也越大。在这一过程中，关系双方各自的收益分别如下。

（1）核心企业与网络关系组织成员深入交流时，核心企业获取的收益为：$\pi_1+\sigma\pi_n-I$；关系网络组织成员获取的收益为：$\pi_2+(1-\sigma)\,\pi_n-I$。

（2）当关系网络中组织成员出现机会主义行为时，核心企业获取收益为：$\pi_1+F-L-C-I$；关系网络组织成员的收益为 $\pi_2+R-F-I$。

由上述分析可知，关系网络组织放弃机会主义行为的一个重要条件是在通过关系建立获取的收益大于通过机会主义获取的收益，即 $(1-\sigma)\,\pi_n>R-F$。因此，当关系双方创造的收益处于一定水平时，核心企业可采取的措施如下。

（1）提高关系网络中组织成员因惩罚产生的损失。采取相应的手段，如直接经济惩罚或行政惩罚，使关系网络组织成员一旦出现机会主义行为，带来的损失相较合作产生的收益更高时，网络组织成员就会选择与核心企业开展有效合作。

（2）降低关系网络中组织成员通过机会主义获取收益。当网络组织成员对核心企业资源依赖程度提高时，核心企业对其控制力加强，网络组织成员从机会主义行为中获得的收益减少，则其采取机会行为的积极性降低。

## 6.4　核心企业关系运用能力

关系运用就是核心企业获取关系网络带来关系价值的过程，胡健与李向阳（2010）认为关系价值是企业为实现可持续发展与整体利益最大化，各种类型的企业之间实现彼此技术、知识、服务等资源共享，并对其在合作中所得与所失的权衡，即将共享资源转化为企业现实利益[305]。由定义可知，核心企业关系价值是核心企业在与其关系网络组织成员间合作中获得的收益，这也是核心企业关系网络构建与发展的主要动因。因此，研究核心企业关系运用能力，从而获取更多关系收益，对核心企业关系网络发展具有积极作用。

### 6.4.1　关系价值的构成

#### 6.4.1.1　成本节约

一般情况下，核心企业关系建立是一个复杂的过程，包含了四个主要步骤，如图6.3所示。首先核心企业在分析企业技术标准化战略发展需要与内外部环境的基础上，了解企业目前现有资源与需引进资源，从而确定关系对象选择范围；其次在制定的关系对象选择标准基础上，评价潜在对象的优势与劣势，筛选出最优对象；接着选择合适的关系建立渠道，并投入一定成本，与选择的对象建立关

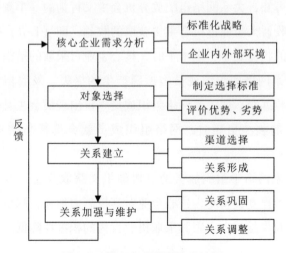

图6.3　核心企业关系建立过程

系；最后，为了发挥关系价值，核心企业还需对已建立的关系进行调整与巩固，以确定所建立的关系能满足核心企业技术标准化发展需求。这一过程每一步骤的完成，核心企业都需要付出一定的成本，最后积累成为高额的总成本，且针对技术标准化进程不同阶段的不同需求，核心企业需重复这一步骤，完成与不同组织间的关系建立。这不仅增加了核心企业成本，同时也减缓了企业标准化的实现速度。

当核心企业围绕技术标准化构建关系网络时，核心企业获取所需信息与资源的程序如图 6.4 所示。因为潜在关系对象已确定，核心企业只需完成企业需求分析与在关系网络中选择对象两项主要任务。相对于没有构建的关系网络，在能够满足核心企业标准化发展需求的前提下，核心企业在关系建立与加强维护方面能够节约大量成本。因此，节约的成本就转化成为核心企业关系价值的一部分。

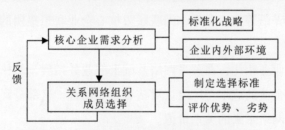

**图 6.4　核心企业获取所需信息与资源程序**

### 6.4.1.2　风险降低

当不存在关系网络时，核心企业在技术标准化中可能面临的风险有：（1）关系对象选择失误。合适的关系对象选择，一方面其资源是企业标准化发展所需的；另一方面能与核心企业开展有效的交流合作。缺少任何一项条件都会影响到核心企业技术标准化的发展。但由于选择关系对象过程中因信息不全面或决策程序不规范等因素的影响，最终选择的关系对象与核心企业预期不符。（2）关系建立失败。关系的成功建立需要关系双方都能从中获取一定收益，如果某一方对关系带来的收益不满意时，就会终止关系。（3）关系发展出现障碍。良好的关系发展是关系双方都付出对方所需的信息与资源，且双方都能从中获取收益。但当某一方出现机会主义行为时，就会影响双方关系的发展，并最终影响建立关系带来的收益。

在核心企业建立的关系网络中，首先关系网络成员已经经过核心企业筛选，在一定程度上确保了其资源必需性与核心企业合作的有效性；其次，网络成员拥有与核心企业交流合作的经验，对其所获的收益满意度会较高；最后，核心企业对巩固与发展关系网络的投入，确保了双方关系的有效发展。因此，关系网络的存在，降低了关系建立过程中的风险，提高了核心企业关系价值。

### 6.4.1.3 业务拓展

业务拓展是指核心企业通过与关系网络组织成员之间建立关系，从而实现企业业务范围的扩大和业务方向的延伸。（1）业务范围方面，依据技术标准化发展需求，核心企业与标准产业链上不同模块间组织建立了关系。通过信息与资源的共享，实现核心企业业务范围的扩大。如通过与汽车制造商合作，苹果公司的业务范围由通信领域扩展到了汽车领域。（2）业务方向方面，核心企业通过与产业链上下游组织的联系，实现企业业务方向的延伸。如通过与通信运营商电信、芯片制造商骅讯等建立联系，闪联联盟核心企业联想集团的业务方向在不断延伸。

与自主开拓业务相比，在关系网络基础上的业务拓展，给核心企业增加收益的同时，降低了企业的成本与风险。对核心企业而言，这部分降低的风险与成本就转化成为关系网络带来的关系价值。

### 6.4.2 关系价值的获取

获取关系价值是核心企业建立与巩固关系网络的重要动因，获取关系价值就是使核心企业与关系网络成员之间的关系在维持稳定的同时得到进一步发展。但想要实现这一目标，就要使关系网络内组织成员都能获取收益。因此，核心企业关系价值获取分为收益分配与收益保护两个部分。

### 6.4.2.1 收益分配

在核心企业建立的关系网络中，不同组织所掌握的资源和与核心企业建立关系的方式不同，各自的利益诉求点也存在着一定的差异性。因此，核心企业给不同组织带来的收益存在着区别。

（1）收益分配影响因素

尽管关系网络中组织类型有所不同，但影响收益分配的影响因素可总结如下。

①资源稀缺性。对核心企业而言，其关系网络中不同组织对技术标准化发展

投入要素的稀缺程度不同。

一般来说，依据资源在技术标准化中的重要性与可替代性，资源稀缺程度最高的是政府机构掌握的制度资源。制度资源是指产业政策的制定、行业规制等技术标准化实现的一些关键性资源，这些关键性资源通常掌握在政府机构手中。与一般资源的稀缺性不同，制度资源的稀缺性与制度、供给安排的利益约束条件有关，与社会对制度的需求刚性相比，制度的供给在数量上总是相对不足[306]，同时在供给的意愿与供给的能力上也表现出明显的不足[307]。结合政府组织在标准化发展中所起到的不可替代的作用，制度资源是核心企业最需争取的资源。

接着是稀缺程度相对较高的知识、技术资源。技术、知识资源因为具有一定的独占性与非流动性，因此，技术、知识资源通常作为相关组织核心竞争力的主要构成部分。同时就技术标准化实现而言，因为技术、知识的流动与累积创新是技术标准化实现的重要基础与目标，技术、知识资源在其中发挥的作用也至关重要。结合技术、知识资源的特征与作用，可知掌握这些资源的组织是核心企业关系网络中的重要成员。

最后是稀缺程度较低的市场资源。市场资源指存在于市场环境中，可被企业开发利用以发挥资源效用建立竞争优势的资源要素，其中包括产品资源、品牌资源、渠道资源、市场信息资源等[308]。品牌、渠道等市场资源是技术标准完成市场推广与扩散的主要资源，但此类资源具有一定的流动性与变化性，掌握此类资源的组织在核心企业的关系网络中易于被取代。

因此，按照资源的稀缺程度，核心企业关系网络中组织的重要程度从高到低的排列顺序是政府等行政组织—高校等科研机构—中介组织与商业组织。

②利益诉求点。利益诉求点是关系网络中组织与核心企业建立关系所追求的利益，一般而言，不同类型的组织，利益诉求点有所不同。

对政府等行政组织而言，将制度资源向核心企业倾斜，其目的并不是追求自身的经济收益，而是为了提高社会公众的整体利益，如通过推进技术标准化的实现来促进社会技术进步、提高市场交易公平性等。

对高校等科研组织而言，参与核心企业主导的技术标准化，一方面是期望与企业合作，利用企业的资源将自身研发技术推向市场，通过完成技术的市场应用，从而实现技术的经济价值与社会价值。另一方面则是通过与核心企业的强强合作，利用核心企业在技术资源方面的优势，共同完成技术的研发。

最后是关系网络中的中介组织与商业组织，其与核心企业之间主要是利用其所具有的优势资源，通过交易的方式获得经济收益。因为大多数的中介组织与商业组织成立与发展所追求的目标都是为了获取更多的经济利益，对应的其组织活动的进行也是为了实现这一目标。因此，中介组织与商业组织与核心企业之间大多存在的是经济关系。

（2）收益分配方式

针对关系网络中不同成员组织的特点，结合收益分配的影响因素，核心企业关系网络成员的利益获取方式有所不同，如图 6.5 所示。

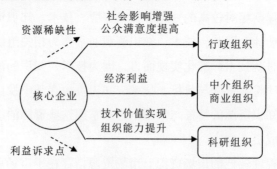

**图 6.5　核心企业关系网络收益分配**

对于资源稀缺程度高且不以经济收益作为利益诉求点的政府机构组织，核心企业主要是通过尽量提高技术标准的性能，完善与技术标准配套的服务，争取到政府机构组织的政策支持。在提升社会技术水平与提高市场用户效用的同时，增强政府机构组织的社会影响与提高社会公众对政府的满意度。社会影响的增强与公众满意度的提高，有助于实现政府机构组织服务社会的目标。

对于高校这类的科研组织，核心企业主要通过利用自身所具有或积累的技术开发或市场应用等优势资源和经验，推动相关科研组织技术实现市场应用，从而实现科研组织技术的经济与社会价值。此外，核心企业与科研组织的合作，在一定程度上提高科研组织的技术研发或市场推广能力，对科研组织的发展具有积极的影响。因此，科研组织在核心企业关系网络中获取的收益有技术价值的实现与组织能力的提高。

而对资源稀缺程度低，且以经济收益作为利益诉求点的中介组织与商业组织而言，核心企业就要依据一定的支付标准，在与相关组织之间建立交易关系时，支付双方都满意的经济报酬，使得双方之间的关系能够继续维持，并得到进一步发展。如果交易的一方对交易获取的收益不满意，因为彼此间依赖程度较低，核心企业就会与其他中介或商业组织建立新的关系。

### 6.4.2.2　收益保护

收益保护就是确保关系网络中的组织都能获得合理的收益，这也是关系网络能够得到持续发展的关键。为了实现这一目标，要做好以下工作。

（1）制定公平合理的收益分配原则。

收益分配原则是收益进行分配的重要依据，分配原则是否公平合理，直接决定了后续进行的收益分配是否能让各方都能获得合理的收益。一般来说，收益分配的原则通常有多劳多得、效用最大或择优分配等，不同的分配原则对应着不同的分配方式。核心企业需根据关系网络中组织成员的实际情况，选取最优的分配原则，使得收益分配能够顺利完成。

（2）采取有效的收益分配方式。

收益分配方式是核心企业关系网络成员组织获得对应收益的途径。因为关系网络内成员组织的特征与需求有所不同，核心企业在进行收益分配时，要综合考虑相关组织的特征与需求，给予其各自所需要的收益。在提高网络成员满意度的同时，使得关系网络得到持续发展。

（3）收益分配后续考察。

收益分配后并不意味着整个收益分配过程的完成，关系网络各组织成员是否对各自获得的收益满意，这些收益能否真正给不同网络组织成员带来实际效用，核心企业对这些都要进行了解，以确保其选择的收益分配原则与方式是正确的，是符合网络成员利益的。如果组织成员对各自得到的收益满意，那么核心企业的选择就是正确的；如果有成员不满意，核心企业就要依据其不满意的原因，检查是自身的选择不正确，还是该成员的要求不合理，进而采取相应的措施，以保持关系网络的长期发展。

## 6.5　**核心企业关系能力对标准化的影响**

技术标准联盟通过运用关系能力构建关系网络，获取关系网络带来的价值，有利于提升技术标准竞争力，提高了标准化成功的概率。

### 6.5.1 提升技术标准竞争力

关系资源的存在对核心企业技术标准竞争力的提升具有重要作用。因为标准联盟核心企业构建的关系网络由不同的组织成员构成，这些成员组织为核心企业提供的特定资源与知识，通过对标准技术与标准市场应用范围的作用，影响着核心企业技术标准的竞争力。首先，高校等科研组织具有的研发资源在技术层面影响标准竞争力。标准技术作为技术标准的核心，技术的竞争力在一定程度上反映着标准的竞争力。科研组织通过与核心企业开展的合作研发，在提升标准技术竞争力的同时，提升了技术标准竞争力。其次，行政组织作为拥有制度这一特殊资源的机构，通过扩大标准的市场应用范围影响技术标准的竞争力。在经济市场上，政府出于政治或公众的考虑，往往通过制定一定的政策影响市场的运行。当核心企业推进的技术标准受到政府支持时，其在市场应用中就易于获取资金、土地等专项资源，同时政府对市场的已有影响也有助于降低标准扩散的市场风险。最后，中介与商业组织拥有的特有市场推广资源，也影响着核心企业技术标准市场推广的速度与市场应用的范围。

综上，核心企业关系网络内的成员组织，通过利用自身资源影响标准技术竞争力与市场应用范围，并最终提升技术标准的竞争力。

### 6.5.2 提高标准化成功概率

技术标准化是一个在标准技术与市场应用方面充满着风险与不确定性的过程，联盟核心企业关系网络内组织成员的存在，降低了技术标准化过程的风险。在技术方面，科研组织解决了核心企业在标准技术研发方面遇到的难题。核心企业可针对其技术研发方面存在的具体需求，依据不同科研组织的在不同技术领域的技术优势，选择合适的科研组织进行合作，以快速有效地解决企业的技术问题。

在市场应用方面，一方面，核心企业可利用中介与商业组织已有的市场推广渠道与品牌资源，进一步扩大企业技术标准市场推广的范围，提高技术标准市场成功应用的概率；另一方面，行政机构政策的支持，增强了市场用户对核心企业技术标准的信心，增加了标准潜在用户数量的规模。同时，行政机构提供的专有资源支持，如政府财政方面的支持解决了核心企业技术标准化中资金的短缺问题等，也为核心企业技术标准化实现提供了基础。因此，核心企业与关系网络组织成员在标准技术与标准市场应用方面合作，能有效降低技术标准化过程的不确定性，提高核心企业技术标准化成功的概率。

## 6.6　本章小结

本章对技术标准化过程标准联盟核心企业所需的关系能力进行了详细研究。首先对标准联盟核心企业关系的特征、种类与作用等进行了概述。接着对核心企业关系能力的内涵与构成进行了论述，认为关系能力是核心企业获取外部资源，并与企业资源进行整合，进而获取更高收益的能力，由关系建立能力、关系发展能力与关系运用能力三个要素构成。同时从联盟核心企业关系网络构建与发展的角度，对关系建立能力、关系发展能力与关系运用能力进行了深入研究，其中关系建立能力要求核心企业能选择合适的方式，与具备不同特点的科研、中介、商业和行政等组织建立关系。关系发展能力是核心企业对网络组织成员因网络信息不透明和沟通不畅而产生的机会主义行为进行有效管理，从而保持关系网络的长久运行与发展。而关系运用能力则有助于核心企业获取关系网络价值，并推动标准化实现。最后，从提升技术标准竞争力与提高技术标准化成功概率等两个方面分析了核心企业关系能力对技术标准化产生的影响。

# 第7章 | 案例研究

本章在对技术标准联盟核心企业技术标准化能力构成与作用进行研究的基础上，以信息产业标准联盟核心企业为研究对象，进行深入案例研究，以揭示联盟核心企业所需标准化能力的形成动因、构成要素与具体作用，从而检验与完善本书提出的理论观点，并在总结相关案例研究的基础上，提出相应的实践指导与管理建议。

## 7.1 案例研究选择与设计

### 7.1.1 研究方法选择

在研究过程中，常见的研究方法有文献研究法、访谈法、问卷调查法与案例研究法，不同研究方法的主要实施步骤，适用的研究问题与研究目的如表7.1所示。

表 7.1 不同研究方法比较

| 研究方法 | 主要步骤 | 问题类型 | 研究目的 | 是否对研究过程进行控制 |
|---|---|---|---|---|
| 文献研究法 | 对现有资料进行研究，在总结规律的同时得到结论 | 怎么样为什么 | 探索事物发展过程中的某些规律 | 否 |
| 访谈法 | 依据研究目的，按照访谈提纲，通过与个体或集体进行交谈，从而收集相关资料 | 怎么样为什么 | 了解较为复杂的问题 | 是 |
| 问卷调查法 | 按照一定程序，运用一定方法，搜集、整理与分析相关资料，得出结论，并提出对应建议 | 谁，什么，何种程度 | 认识某一问题 | 否 |

续表

| 研究方法 | 主要步骤 | 问题类型 | 研究目的 | 是否对研究过程进行控制 |
|---|---|---|---|---|
| 案例研究法 | 对单一事件进行具体深入研究 | 怎么样为什么 | 通过个体认识整体发展 | 否 |

资料来源：依据 Yin（1994）整理。

一般而言，研究方法的选择取决于需解决问题的类型。当要解决"怎么样"或"为什么"的问题时，研究者几乎无法控制研究对象；但当关注的重点是当前实际问题时，研究者可选择案例研究[309]。

案例研究的选择，可以获得其他研究方法所不能获得的经验、数据，并在此基础上分析不同变量间的逻辑关系，进而对现有理论体系进行检验与发展。此外，案例研究还可以分析受多种因素影响的复杂现象，满足开创性研究，尤其是在构建新理论与精练已有理论中概念研究的需要[310]。

本研究目的主要在于了解标准化过程技术标准联盟核心企业标准化能力的形成、构成与作用，即为什么需要具备标准化能力及标准化能力的构成与作用怎么样。通过对不同研究方法的分析比较，结合案例研究特点与本研究目的，本章拟采用案例研究方法对标准化过程标准联盟核心企业标准化能力进行研究。

关于是采用单案例还是多案例，结合 Yin 所提出的观点[311]，单案例适用于对确认、挑战、延伸与检测命题理论的正确性；而多案例则主要涉及比较性的分析研究，通过对一系列多个组织中的同类问题中变量的设计及重复比较，从而得出具有一定普遍性的结论。结合本研究目的，即对所构建的核心企业标准化能力理论框架进行验证与完善，本章选择国内信息产业中某一标准联盟的核心企业进行单案例研究。

### 7.1.2　案例研究设计

#### 7.1.2.1　案例设计要素

Yin（2010）在其著作《案例研究：设计与方法》中指出，进行案例研究设计时需要特别注意的五个要素[311]。

（1）研究问题；

（2）理论假设（如果有）；

（3）分析单位；

（4）连接数据与假设逻辑；

（5）研究结果解释标准。

研究问题。案例研究主要回答"怎么样"和"为什么"的问题，因此，案例研究设计的第一步是对研究问题的性质进行准确分析。

理论假设。主要帮助研究者集中关注要研究的问题，不会滑向与研究无关的方向。当然，当研究属于探索性的研究时，这些研究可能无法提出假设。但在进行研究设计时，仍应该提出明确的研究目的。

分析单位。这是案例研究的关键，分析单位选择的一般指导原则是将分析单位的界定与对所研究问题类型的界定联系起来。当面临不知何种分析单位优于其他分析单位时，此时就表明研究问题要么过于模糊，要么数量过多，这都不利于研究的开展。而当已决定选择某分析单位时，随着资料收集过程中新问题的出现，就要对分析单位不断进行修正。

连接数据与研究结果解释标准是案例研究中较为模糊的部分，但也是案例研究中证据分析的前期步骤，研究设计的存在应为证据分析的进行奠定坚实的基础。

根据案例研究设计中的五要素，本章的案例研究设计如下。

（1）研究问题。本章的主要研究问题是，在技术标准化过程中，技术标准联盟核心企业为什么要具备标准化能力，且标准化能力的具体构成与作用是什么。

（2）理论假设。本案例研究存在三个假设。

假设1：技术标准化中，标准联盟核心企业需具备研发能力。

假设2：技术标准化中，标准联盟核心企业需具备管理能力。

假设3：技术标准化中，标准联盟核心企业需具备关系能力。

（3）分析单位。本案例以国内技术标准联盟中的核心企业为研究对象，数据收集围绕技术标准化开展。

（4）连接数据与假设逻辑。本案例研究数据收集紧密围绕研究的三个假设，包括研究对象、标准联盟成员、合作组织获得，以及核心企业研发能力、管理能力与关系能力相关的数据与资料。

（5）研究结果解释标准。在案例研究结果中，以事实为依据，根据文章的理论推演与相关分析结果，争取全面、深入地了解事件的本质。

### 7.1.2.2 案例设计质量标准

为了使案例设计符合逻辑，Yin（2010）找出了对案例设计质量进行检验时所采取的策略[311]，如表 7.2 所示。

**表 7.2 案例检验研究策略**

| 检验 | 案例研究策略 | 策略适用阶段 |
| --- | --- | --- |
| 构建效度 | 多元证据来源<br>证据链<br>证据主要提供者进行案例报告<br>草案检查、核实 | 资料收集<br>资料收集<br>报告撰写 |
| 内部效度 | 模式匹配<br>尝试进行某种解释<br>竞争性分析<br>逻辑模型 | 资料分析<br>资料分析<br>资料分析<br>资料分析 |
| 外部效度 | 理论指导单案例<br>重复、复制多案例 | 研究设计<br>研究设计 |
| 信度 | 案例研究草案<br>案例研究数据库 | 资料收集<br>资料收集 |

为了提高文章案例研究设计质量，本案例研究设计质量检验标准如下。

（1）构建效度。构建效度检验，通常需完成两个步骤：一是保证要研究的特定类型变化与研究目的相关；二是证明所选择的指标能够反映、衡量所选特定类型的变化。结合所采取的策略，本研究拟通过下述途径提高案例研究的构建效度：一是采用多种证据来源，根据研究对象的特征，通过标准联盟官方网站、核心企业内部资料、多种渠道的公开数据等，收集丰富多样的数据资料。二是形成证据链，对不同渠道收集到的数据资料，进行整理、分析，形成围绕研究假设的一套证据链。三是向证据主要提供者进行案例报告，以检查、核对相关数据资料的有效性。

（2）内部效度。在内部效度检验过程中，通常要注意两点：一是内部效度仅与因果性研究相关，并不适用于描述性与探索性方面的研究；二是内部效度检验可推广到推论过程这一问题上。由于本研究主要是描述性的案例研究，因此，对案例研究设计的内部效度检验可忽略。

（3）外部效度。外部效度检验主要是检验某一案例研究成果是否可归纳成为理论。尽管本书只采用了单一案例进行研究，但本书所选择的研究对象在推动标准化实现时表现优异，在国内与国际标准制定方面具有代表性。因此，该案例的研究结论对其他联盟组织推动技术标准化实现具有一定的指导意义与借鉴价值。

（4）信度。为了达到案例研究设计中信度检验的目标，本章在案例研究过程中，尽可能地保证数据资料的全面、有效，以降低、减少研究过程存在的误差。

## 7.2 闪联标准联盟核心企业研究

随着数字化信息技术快速发展，人类步入了 3C（计算机、通信与消费电子产品）融合时代。为了占据 3C 市场的高地，在市场竞争中获取优势，2002 年 11月，联想、康佳、TCL、海信、长城等五家企业成立了"信息设备资源共享协同服务"标准化工作组。伴随着信息设备资源共享协同服务标准（Intelligent Grouping and Resource Sharing）的不断发展，2005 年 5 月，作为闪联联盟中立法人实体的闪联信息产业协会正式成立。在闪联标准联盟的推动下，闪联（IGRS）标准取得了一系列显著的成果。

### 7.2.1 闪联标准化阶段

#### 7.2.1.1 技术标准化阶段划分方法

关于技术标准化阶段的具体划分，目前主要有技术标准化过程标志事件与标准专利数量变化这两种方式。

（1）技术标准化过程标志事件。

这一方法使用的依据主要是随标准化发展，标准在技术、产业与市场方面的成熟程度不断提高[145]，在技术标准化的不同阶段，企业目标与技术标准呈现出的特征如表 7.3 所示。

表 7.3　技术标准化阶段描述

| 技术标准化阶段 | 目标 | 主要标志 |
|---|---|---|
| 研发阶段 | 技术标准体系研发、构建与完善 | 确立为法定技术标准 |
| 产业化阶段 | 技术标准产业链构建与完善 | 技术标准实现产业间应用，标准产品生产工艺与规模趋于成熟，确立为产业标准 |
| 市场化阶段 | 技术标准大规模市场扩散，成为市场事实标准 | 标准产品种类与配套服务不断升级，标准用户市场规模不断扩大 |

孙耀吾与赵雅等运用这一方法对 TD-SCDMA 技术标准化的发展阶段进行了研究，其结果如表 7.4 所示[28]。其中标准化准备阶段的完成标志是 TD 标准成为国际三大标准之一，发展阶段实现的标志是 TD 标准确立为国家标准，而产业化阶段的实现的标志是 TD 标准完全商用的实行。

表 7.4　TD-SCDMA 技术标准化阶段

| 标准化阶段 | 目标 | 标志 |
|---|---|---|
| 准备阶段 | 完成标准确立 | 2001 年 TD-SCDMA 被接受为三大国际标准之一 |
| 发展阶段 | 标准产品研发与生产 | 2006 年 TD-SCDMA 确立为国家标准 |
| 产业化阶段 | 标准产品生产与标准技术扩散 | TD-SCDMA 开始实行完全商用 |

这一方法应用的主要优点在于直观清晰，研究者可根据技术标准化发展过程的相关数据资料，对技术标准化阶段进行直接划分。但不是所有技术标准的发展都能获得全面的数据资料，且根据数据资料对标准化阶段进行划分具有很强的主观性，易造成划分标准的不统一。此时，就出现了根据技术专利数量变化对技术标准化阶段划分的方法。

（2）标准技术专利数量变化。

Haupt 等人认为专利数据的变化可以说明技术发展的情况，一般而言，技术生命周期中专利的变化趋势为 S 曲线[312]，如图 7.1 所示。在导入期，由于此阶段不同技术研发者之间各自为政，技术分支较多，未来可构成某一技术标准的技术专利数量较少；随着技术的进一步发展，市场核心领导技术确定，围绕核心技术进行的技术研发活动增加，参与申请的专利数量实现了大幅度增长；到了成熟阶段，专利申请数量基本处于稳定；当新技术出现时，围绕现有技术申请的专利数量下降，现有技术进入衰退阶段。

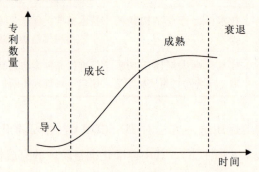

**图7.1　技术生命周期中专利的变化趋势**

随着技术标准与专利的日益融合，可通过标准构成技术专利的变化，进而了解技术标准化的发展。由前文关于技术标准化阶段特征的描述可知，在标准研发阶段，不同企业间的各自研发方向不同，围绕新技术标准申请的专利数量较少；当标准核心技术确立后，大量企业开始围绕技术标准开展研发活动，使得标准构成专利数量大幅上升；到了市场化阶段，技术标准处于成熟阶段，其构成的专利数量处于稳定状态。因此，随着技术标准化阶段的发展，标准构成技术专利数量变化遵循S曲线变化的规律。

这一方法主要运用客观数据对标准化阶段进行划分，排除了研究者主观的干扰。但由于标准构成技术专利数量变化呈连续状态，难以对其具体阶段进行划分。

在分析技术标准化阶段划分的两种主要方法后，为了降低不同方法对标准化阶段划分的不利影响。本研究综合运用两种方法对闪联标准化阶段进行划分。

### 7.2.1.2　闪联标准化阶段划分

（1）闪联标准化发展标志事件。

作为国家支持的中国拥有自主知识产权的技术标准，闪联标准从开始就受到了社会的多方关注。因此，除闪联标准联盟官方网站（http：//www. igrs. org/index. aspx）实时更新的闪联标准化进程相关事件外，新浪作为中国受众甚广的互联网门户网站，旗下的新浪新闻板块（http：//news. sina. com. cn/）也围绕闪联标准进行了大量的报道。因此，综合上述资料收集途径，可获取与闪联标准产品、标准用户与标准技术成熟度相关的数据资料。对闪联标准联盟官方网站与新浪新闻网站相关数据资料进行收集整理后，得到的闪联标准化发展过程如表7.5 所示。

由表7.5 可知，闪联标准的发展具有明显的阶段性，首先是闪联标准技术的研发与完善，接着是闪联标准产品的研发与生产，最后是闪联标准应用范围不断扩大与闪联技术标准的升级换代。

表 7.5　闪联标准化发展大事表

| 时间 | 事件 |
|---|---|
| 2002. 11 | 闪联标准工作组成立 |
| 2003. 10 | 确定了闪联标准 0.5 版本以及相关知识产权和市场推广计划 |
| 2005. 3 | 联想集团和康佳集团联合推出闪联电脑和闪联电视 |
| 2005. 6 | "闪联标准" 1.0 版成为中国第一个 "3C 协同产业技术标准" |
| 2005. 12 | "闪联信息技术工程中心有限公司" 正式揭牌 |
| 2006. 5 | 创维、长虹等厂商宣布实现闪联电视量产 |
| 2006. 12 | 正式发布《建筑及居住区数字化技术应用　第 1 部分：系统通用要求》国家标准并在全国实施 |
| 2007. 11 | 闪联标准终将成为全球 3C 协同领域的首个国际标准 |
| 2008. 7 | 闪联测试及认证系列标准正式成为 ISO/IEC 设备验证国际标准 |
| 2009. 3 | 闪联正式启动 IGRS2.0 |
| 2009. 11 | 闪联已有 PC、笔记本、电视、手机、投影仪等 20 余种产品上市销售，累计销量近 700 万台，直接创造了经济效益 22.8 亿元 |
| 2010. 3 | 闪联标准成为全球 3C 协同领域的第一个国际标准 |
| 2012. 1 | 研发生产一系列网络化、智能化、系统化的 "享屏" 互联互通产品 |
| 2012. 3 | IGRS 1.0 全部 7 项标准成为中国首个 3C 协同领域的国际标准 |
| 2014. 9 | ISO/IEC 正式发布闪联《信息技术　信息设备资源共享协同服务　第 7 部分：远程访问系统架构》 |
| 2015. 4 | ISO/IEC 正式发布《信息技术　家用电子系统（HES）架构　第 5-7 部分：信息设备资源共享协同服务-远程访问系统架构》为国际标准 |

续表

| 时间 | 事件 |
|---|---|
| 2015.6 | 工信部批准发布闪联四项电子行业标准 |
| 2016.10 | 闪联发布三项多模态无线组网标准 |

（2）闪联标准技术专利数量变化。

国家知识产权局（State Intellectual Property Office）（http：//www. sipo. gov. cn/）是统筹专利工作与协调知识产权的专利机构。通过这一途径，可获得闪联标准技术专利在不同时期的数量。由于闪联是一项复杂的标准技术体系，涉及的技术有"自动识别""互联互通"与"资源共享"等。因此，在进行闪联标准技术专利检索时，使用的关键词有"闪联""自动识别""互联互通"与"资源共享"等，检索后得到2002—2015闪联标准的专利申请数量如图7.2所示。

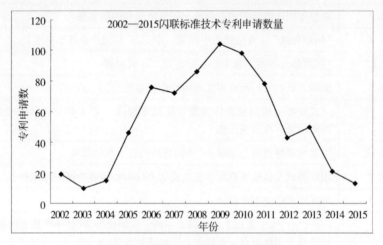

图 7.2　闪联标准技术专利申请数

由图7.2可知，在2002—2005之间，闪联标准的专利数较少，专利数量波动较小；在2006—2009之间，闪联标准专利数呈现出上升的趋势，之后就处于平稳状态；最后，随着技术的成熟，新技术的兴起，围绕闪联标准申请专利数不断降低。

综合上述两种方法，可将闪联标准化的阶段具体划分为：研发阶段（2002—2005），产业化阶段（2006—2009）和市场化阶段（2009至今）。在研发阶段，主要进行闪联标准核心技术体系构建，确定了闪联标准 1.0 版，并通过研发生产闪联电脑与闪联电视等闪联标准产品进行闪联标准的市场应用检验；产业化阶段是在标准核心技术体系基础上，进一步完善闪联标准技术体系，同时实现闪联标准产品的大量生产，推动其在产业内的扩散；在市场化阶段，通过拓宽闪联标准的市场应用范围，增强市场影响力，最终实现闪联标准市场化。

### 7.2.2　闪联标准联盟核心企业识别

#### 7.2.2.1　核心企业识别机理

技术标准联盟作为一个合作网络组织，联盟内成员因为在网络中所处的位置不同，对应的在网络中的重要程度也各不相同。对标准联盟网络组织节点重要程度的测度可用社会网络分析法。

（1）社会网络基本概念。

约翰·斯科特在其著作《社会网络分析法》中指出，社会网络是多个社会行动者及其关系的集合，换言之，社会网络就是作为社会节点的不同社会行动者之间网络关系的集合。社会网络分析则主要是分析网络中各个行动者之间存在的关系，以及这些关系对整个网络组织产生的各种影响[313]，分析的主要单元有"点"与"关系"两项。

①点。社会网络中的点主要是指网络中的各个行动者，边是网络行动者之间的各种关系。在社会网络研究中，不仅仅个人可以作为行动者，团体或组织，如企业、高校等都可以作为点行动者。在对技术标准联盟网络进行分析的过程中，标准联盟中的各个成员，如高技术企业、研发机构与高校等都是联盟网络中的点行动者，它们之间存在的各种关系就构成了联盟网络的边。

②关系。社会网络行动者主要是通过各种关系联系在一起。关系主要有内容、方向与强度等三个特征。内容是指网络行动者关系的产生是基于一定内容的。在本研究中，关系内容是指标准联盟网络中各成员建立关系中所包含的信息。关系方向包含有向性与无向性两种。在标准联盟中，信息的传递是有向的，可从某一成员传递到其他成员。关系强度则有强弱之分，主要通过联盟内成员间合作的次数进行区分。

（2）社会网络分析步骤。

为了研究社会网络结构及网络中各节点间存在的关系，社会网络分析主要有以下几个步骤：第一步是确定研究的主要问题，这有助于制定明确的研究目标，本研究的主要问题是分析标准联盟中各成员之间的关系及整个联盟网络的结构；第二步是在确定具体的研究对象与选择合适的分析工具，综合各项因素，本书的主要研究对象是闪联联盟中的各成员企业，并选择社会网络分析软件 UCINET6.0 对研究对象进行分析；第三步是收集数据并对数据进行分析，针对研究对象特征，从公开渠道获取闪联联盟成员间的关系数据，并运用软件对数据进行分析；最后是对分析结果进行解释。

（3）社会网络分析内容。

社会网络分析方法使用的假设条件是网络中行动者的重要性等价于其与其他行动者连接而具有的显著性[314]。为了比较同一网络中不同行动者的重要程度，常用的测度指标有点度中心度、接近中心度和中间中心度[315]。

① 点度中心度（Degree Centrality）。点度中心度测度的是标准联盟内某一成员企业与联盟中其他成员企业的连接程度。如果某成员企业的点度中心度高，则认为联盟内与该成员企业连接的成员企业较多，其居于中心位置，很可能拥有较大的权力。其表达式为：

$$C_D(i) = i \text{ 的度数} \tag{7.1}$$

② 接近中心度（Closeness Centrality）。如果标准联盟内的某一成员企业通过较短的距离与许多成员企业都联系，即该成员在传递信息时不需依赖于其他成员企业，那么就认为该企业拥有较高的接近中心度。高接近中心度说明该企业在进行信息传递的同时，也可以接收到联盟内许多其他成员企业信息，并因此相对不受其他成员企业的控制。其表达式为：

$$C_C(i) = \frac{1}{\sum_{j=1}^{n} d_{ij}} \tag{7.2}$$

其中 $d_{ij}$ 是成员企业 $i$ 与成员企业 $j$ 之间的最短距离，即成员企业 $i$ 与成员企业 $j$ 间建立关系所需经历的最小边数。

③ 中间中心度（Betweenness Centrality）。中间中心度用于测量某一成员企业在标准联盟内其他成员企业间信息传递最短距离上担任"中介"的程度。中间中心度高的成员企业在标准联盟中所起的"中介"作用大，即其他成员企业传递信息时必须经过该企业的频数高，则其对应处于网络中心位置，对联盟网络信

息的控制力强。其表达式为：

$$C_B(i) = \sum_{j<k} b_{jk}(i)/b_{jk} \qquad (7.3)$$

其中 $b_{jk}$ 是成员企业 $j$ 与成员企业 $k$ 之间的最短距离，即成员企业 $i$ 与成员企业 $j$ 建立关系所需经历的最小边数。

在技术标准联盟中，因为联盟核心企业掌握着标准技术体系的核心构成技术，联盟内其他成员间以核心技术为中心，开展相应的配套互补技术研发。成员企业间围绕标准技术由于产品研发生产开展项目合作。联盟企业间开展项目合作则表明两者间存在信息交流。如果与某一企业开展项目合作的成员企业数量越多，则表明该企业获取的信息量越大，联盟内的信息传递中介能力越强。一般说来，核心企业作为信息沟通的枢纽，处于联盟中心位置，相对于其他成员企业，其点度中心度、中间中心度与接近中心度值均应较高。

### 7.2.2.2　数据收集与计算

（1）数据收集。

新浪新闻每日发布大量关于科技、经济等方面的资讯，其中包括闪联联盟内成员企业的各方面资讯，通过该网站可搜索到在闪联标准化不同阶段闪联联盟内不同成员企业开展合作项目的信息，如合作项目的类型与数量等。本书通过新浪新闻网站得到闪联标准化研发阶段联盟 89 家企业，产业化阶段 167 家企业和市场化阶段 216 家联盟企业的合作项目数据；分别得出 89×89，167×167 与 216×216 的矩阵；每个矩阵 $G_{ij}$ 均可表示为：

$$G_{ij} = \begin{bmatrix} g_{11} & g_{12} & \cdots & g_{1j} \\ g_{21} & g_{22} & \cdots & g_{2j} \\ \cdots & \cdots & \cdots & \cdots \\ g_{i1} & g_{i2} & \cdots & g_{ij} \end{bmatrix}$$

其中 $g_{ij} = (i, j = 1, 2, \cdots, n)$，$g_{ij}$ 为闪联联盟内 $i$ 成员企业与 $j$ 成员企业的合作项目数，$n$ 代表在闪联标准化不同阶段联盟成员企业数。

（2）数据计算。

以闪联联盟成员企业作为网络节点，成员间项目合作作为节点联系。利用已收集合作项目数据，运用社会网络分析法常用的 UCINET 6.0 分析软件，绘制闪联标准化不同阶段联盟可视化图谱如图 7.3，同时计算闪联联盟各成员对应的点度中心度、接近中心度与中间中心度指标值（表7.6）。

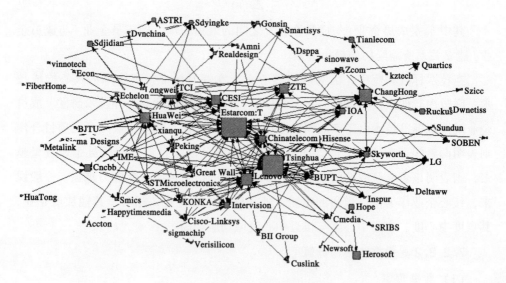

图7.3.1  研发阶段

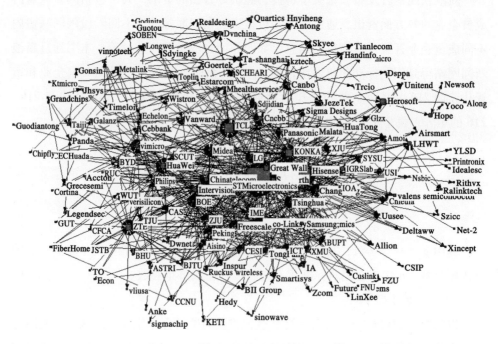

图7.3.2  产业化阶段

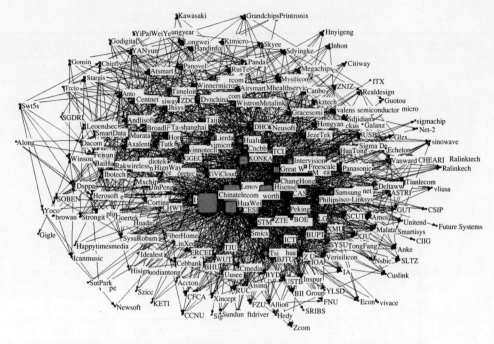

图 7.3.3　市场化阶段

**图 7.3　闪联联盟核心企业演化图**

图 7.3 中联盟内两成员企业的连线表示两者之间存在相互联系的关系，即两成员之间存在合作项目。由图 7.3 可知，随着闪联标准化阶段的推进，闪联联盟的合作网络规模不断扩大，不同成员间合作频率也不断上升，同时结合表 7.6 可知，联盟核心企业也在不断变化。由图 7.3 与表 7.6 可知，在闪联标准化的不同阶段，闪联联盟的核心企业有所区别，在闪联标准研发阶段以中科院计算所、清华大学等研发实力强的科研组织为主，产业化与市场化阶段分别对应的核心企业则是海信、联想等具有丰富产品研发生产与市场推广经验的企业。考虑到本研究对象为联盟核心企业，同时在每一阶段都处于较核心位置的相同企业有联想、中国电信、海信与 TCL，因此，本书将研究对象选取为联想、电信、海信与 TCL。

表 7.6　闪联标准化阶段闪联联盟企业中心度值

| 标准化阶段 | 成员 | 企业 | 点度中心度 | 接近中心度 | 中间中心度 |
|---|---|---|---|---|---|
| 研发阶段 | 1 | 中科院计算所 | 49 | 4.257 | 1045.6 |
| | 2 | 清华大学 | 38 | 4.251 | 809.0 |
| | 3 | 联想 | 34 | 4.223 | 435.7 |
| | 4 | 标准化研究院 | 24 | 4.227 | 310.3 |
| | 5 | TCL | 24 | 4.221 | 521.3 |
| | 6 | 电信 | 23 | 4.219 | 237.9 |
| | … | … | … | … | … |
| | 88 | 集成电路促进中心 | 0 | 1.124 | 0.0 |
| | 89 | ITX | 0 | 1.124 | 0.0 |
| 产业化阶段 | 1 | 联想 | 100 | 5.139 | 5896.9 |
| | 2 | 电信 | 84 | 5.043 | 570.3 |
| | 3 | 海信 | 60 | 5.080 | 2531.4 |
| | 4 | TCL | 59 | 5.073 | 2061.6 |
| | 5 | 长城 | 54 | 5.055 | 1016.4 |
| | … | … | … | … | … |
| | 166 | 太极集团 | 0 | 4.933 | 0.0 |
| | 167 | 必达保安 | 0 | 0.599 | 0.0 |
| 市场化阶段 | 1 | 电信 | 305 | 15.5 | 6530.4 |
| | 2 | 联想 | 195 | 15.4 | 5408.5 |
| | 3 | 华为 | 192 | 15.2 | 3412.5 |
| | 4 | 海信 | 127 | 15.2 | 4218.0 |
| | 5 | TCL | 107 | 14.9 | 1831.4 |
| | … | … | … | … | … |
| | 215 | 先驱实业 | 0 | 0.46 | 0.0 |
| | 216 | 依派伟业 | 0 | 0.46 | 0.0 |

## 7.3　闪联联盟核心企业标准化能力

### 7.3.1　闪联联盟核心企业标准化能力形成动因

在闪联标准化实现过程中，联盟核心企业面临着市场不确定与资源不足带来的压力。在市场不确定方面，首先，对于一项新技术标准，核心企业初期并不了解市场潜在消费者对闪联标准产品的购买力与需求。因此，在标准技术研发过程中，研发技术缺乏针对性。其次，由于受技术、经济等多种因素影响，市场发展方向不确定。最后，为抢夺市场更大份额的蛋糕，国内外企业围绕 3C 融合技术展开了激烈竞争。不确定性意味着可能性，因为市场的不确定，联想、海信等企业面临着更多机会。如企业可利用联盟组织形式，运用标准化能力，开展技术创新，培养标准用户，提升自身标准技术在市场的影响力与竞争力。

资源方面，要实现闪联标准大规模市场应用，企业需集合资源，完成标准相关技术研发、标准产品生产制造与市场推广等各项活动。仅依靠联想、海信等几家企业，难以达成这一目标。寻求互补资源的合作伙伴，并为其开展协同合作提供保障，成为闪联标准实现的关键。因此，联想、海信等核心企业发起成立了闪联标准联盟，通过集成标准化能力，推动闪联标准成功实现市场化。

### 7.3.2　闪联联盟核心企业研发能力

#### 7.3.2.1　核心技术预测

随着信息时代的到来，计算机（Computer）、通讯产品（Communication）与消费类的电子产品（Consumer Electrics）已成为人们日常生活中不可缺少的部分。当产品种类与数量不断增加，所提供的服务不断丰富时，为了提高生活的便利，实现这三类产品资源的共享与互联互通就成为必然的发展趋势。早在 1999年，微软就耗资数十亿美元，联合中国 PC 与家电巨头联想、海尔、步步高等企业推出了"维纳斯计划"，即在电视机上安装一个机顶盒，以实现电视机与电脑的融合。尽管最终因为当时互联网基础设施的滞后，以失败而告终，但也为未来 3C 技术的发展提供了一个方向。

随着我国互联网基础设施的进一步完善，从第十二次《中国互联网络发展状况统计报告》可知，截至 2003 年 6 月，我国的网民数与计算机数分别达到了

6 800万和2 572万；CN下注册域名数和WWW网站数则达到了25万和47.4万；国际出口宽带数与IP地址总数分别为9 640M和32 084 480个[316]。良好的网络环境，为3C融合技术的发展提供了前提条件。

面对未来3C融合将带来的巨大市场潜力，为了抢占更多的3C市场份额，不少国家与企业纷纷加入到开发3C融合技术中来。早在1997年，日本日立制作所、松下电器与夏普等六家企业就成立了研发标准化家庭网络标准规格的ECHO-NET协会；英特尔、微软、飞利浦等17家电子消费行业巨头则于2003年6月组建了"数字家庭工作组"，以开发通过互联网络进行内容共享的数字家庭产品。

在3C融合技术发展条件完善与国外技术发展带来压力的共同作用下，作为中国家电企业领导者的联想、海信、TCL与中国通信领域三大企业之一的中国电信共同选择了信息设备交换技术进行研发，以提升中国企业在未来3C市场竞争力的同时，获取更多的市场份额。

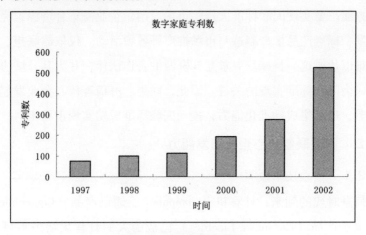

图7.4　数字家庭专利数

联想、海信等企业之所以选择闪联标准相关技术进行研发，其原因一方面在于，早在1999年联想就与微软进行了合作，对研发相关3C融合技术积累了一定经验；另一方面则在于，数字家庭市场中其他企业研发技术的发展，以"数字家庭"（digital home）为关键词在德温特专利数据库进行检索后，得到1997—2002年的专利数据变化如图7.4所示。由图7.4可知，随着时间的发展，围绕数字家庭开展的技术研发在不断发展，尤其是时间越往后，专利数据的增长越快。因此，技术发展趋势也影响着联想等企业研发技术的选择。

综上，在外部环境作用、技术发展与企业自身能力的共同影响下，联想、海信等企业选择 3C 融合技术进行研发，这为闪联标准的制定奠定了技术基础。

### 7.3.2.2　技术研发模式

在确定技术研发方向后，联想等企业就如何进行技术研发进行了选择。在国家知识产权局网站中，对联想、海信、TCL 与电信在 2002—2005 年间的专利申请状况进行检索，结果发现这四家企业在这段时间内都是以独自申请专利为主。究其原因，主要有以下方面。

从企业战略的角度看，此阶段核心企业进行专利申请的主要目的是对企业研发的技术进行法律保护，并凭借技术获取市场应用与技术许可带来的收益；同时，借助申请的技术专利在市场上构筑一道技术壁垒，阻挡其他企业的进入，以提升企业在市场的竞争力。因此，出于上述目的，企业此时技术研发的模式以自主研发为主。

从企业发展的角度出发，一方面，联想、海信等企业作为国内家电、通信等行业的领导企业，自身研发资源与研发实力都处于领先位置。因此，这些企业都具备技术自主研发的能力；另一方面，企业进行自主研发，有助于提升企业自身技术实力，对企业未来发展有正向积极作用。为此，企业选择技术自主研发模式。

综上，从企业战略与发展的角度，核心企业在此阶段中都是以自主研发的方式为主。而到了闪联标准化发展的后期，一则闪联标准面临的压力增大，如 2004 年 2 月，索尼、东芝、日立等日本企业成立了泛在开放平台论坛（UOPF）联盟；2004 年 7 月，海尔、清华同方等组建了 e 佳家联盟；这都使得 3C 融合技术市场的竞争日益激烈；二则随着闪联技术的发展，企业在完成核心技术研发后，下一步是将闪联技术实现商用。此时，企业的目标是尽可能提升闪联标准产品产量，增加收益。从知识溢出的角度来看，合作研发就成为企业的最优选择，因此，海信、TCL 等企业选择合作研发的方式，来完成闪联高清电视、闪联手机等一系列闪联产品的研发。

### 7.3.2.3　闪联标准技术完善

闪联标准试图解决的是如何实现网络环境下家电、电子等产品间的资源共享、互联互通，一般由基础协议、智能应用框架与基础应用三大部分组成，每一部分由擅长该领域的企业负责，如联想主要负责基础协议，TCL 侧重测试应用，海信则主要对应用模式开展研究[317]，从 2002 年到 2014 年间，联想、海信等企业的闪联专利申请总数如图 7.5 所示[318]。

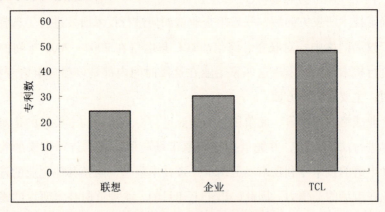

图 7.5　核心企业专利申请数

除核心技术外，技术标准要成功实现大规模市场应用还需其他众多相关配套技术。因此，在闪联标准化中，除了联想、海信等核心企业研发的门户网关键设备互连（CN1172495C）、宽屏互动（CN2519561Y）技术外，还需选择相关配套技术，如数据接口、电源控制等加入其中，共同构建闪联标准专利池。这一过程的实施步骤为：

联想、海信等核心企业首先依据闪联标准构成框架的技术特点选择构成闪联专利池的潜在核心技术，如基础协议定义了设备间的统一资源的发现与发布机制、设备配置管理、服务访问等机制、安全规范等；智能应用框架则定义了各种应用模式的客户、服务、数据对象及它们间的交互规则；最后的基础应用则是相关 IGRS 应用的开发[319]。同时，在确定核心技术的基础上，以互补/兼容为原则选择相应的入池专利。

对于申请加入联盟的企业，闪联联盟内部设立了对应的工作组对申请加入的企业进行审核，以确保加入联盟的企业所提供的技术能够与闪联标准核心技术兼容或互补。完成初步审核后的企业，现有工作组的核心企业成员进行表决，以最终由工业和信息化部科技司确定该申请企业能否成为联盟的正式成员。

对于正式加入联盟的企业，闪联联盟内的知识产权小组除了制定《闪联标准工作组知识产权管理办法》，以正式的规章制度明确联盟成员权利与义务外；同时也制定了相关闪联知识产权管理策略。如闪联标准实施者可使用或得到联盟成员提交的专利，各联盟成员可通过一定的方式对其拥有的闪联核心技术进行许可，这保障了闪联标准实施者的利益[320]。这些规章制度与管理策略的制定，促进了闪联标准专利池的良好运行。

### 7.3.2.4 标准产品研发信息能力

为了提高闪联标准产品技术研发与市场推广成功的概率，在闪联标准产品研发过程中，联想、TCL 等联盟核心企业需掌握大量的信息，这些信息包括企业内部技术信息与外部市场信息（表 7.7）。

表 7.7　闪联联盟核心企业信息能力

| 信息类型 | 企业 | 信息获取 | 信息交流 |
| --- | --- | --- | --- |
| 内部信息 | 联想 | 研发资源共享平台 | e-office 内部平台、内部会议、内部刊物等 |
| | 海信 | "三园一厦"大格局 | 内部沟通平台 |
| | TCL | 企业技术研发中心 | 集团培训、员工座谈会、内部刊物等 |
| | 电信 | 内部平台 | 集体决策机制 |
| 外部信息 | 联想 | 信息管理系统 | – |
| | 海信 | 信息获取平台 | – |
| | TCL | 战略发展部 | – |
| | 电信 | 市场部 | – |

（1）在内部技术信息方面，联想根据战略发展需要，在 2012 年对企业的全球组织架构进行了调整，将前期在"面"上进行的区分，细化并深入到"点"上。这样，除生产、服务、销售等都被赋予了很高的自主权，财务、研发等部门资源实行共享。整个集团研发部门资源的共享，对企业了解内部技术信息提供了途径。同时为了保障在企业内部信息流动中信息传递的流畅，联想集团通过 e-office 内部平台、内部会议、内部刊物等途径增强不同部门间信息的沟通交流。

为了与企业的"家电、信息、通信"3C 产业战略相辅，海信则从空间上对研发技术信息进行了整合，自 2000 年 7 月开始，海信先后投入了 30 亿元对企业生产制造基地、技术研发场地与管理决策机构进行了科学组织与优化，形成了由信息产业园、家电工业园、技术孵化园与海信大厦构筑而成的"三园一厦"大格局。空间上的整合为企业收集信息与加强企业内部信息的交流提供了便利条件。此外，海信建设的内部沟通平台也为企业内部成员进行信息交流提供了途径。在这一平台上，企业实时发布各项企业、行业等最新资讯，同时"信吧"板块也为员工提供了展示想法的地方。

TCL 则依据职能在企业内部设立了负责不同事务的职能部门，企业技术研发中心的主要职能就是负责公司技术研发方面的事务，对企业内部的技术改造、技术创新进行跟踪了解等；在内部交流沟通方面，企业创办了《TCL 动态》，及时对企业内部最新动态进行报道，不断拓宽企业内部上下的信息沟通共同渠道。此外，企业还通过集团培训、员工座谈会的方式增强企业内部的交流。

对中国电信而言，利用企业自身优势，通过企业内部员工平台，就能及时有效地获取企业内部相关信息。尽管企业的组织结构已经转变成为独立的前后端结构，但企业仍维持"集体决策"机制，也就是说企业任何重要的决策在执行之前都需要得到所有有关部门的统一。虽然这一决策机制会降低企业效率，但这有助于企业内部信息的传递，确保了决策的实用性。

（2）在外部市场信息方面，能够生存并得到发展的企业，对外部市场的信息要有足够的了解。

联想运用高效的信息管理系统，如全球知名的 Siebel 的客户关系管理（CRM）系统，对企业产品与客户的主数据进行有效管理，打通与客户接触的市场链，为获取更多市场信息提供了有效渠道。海信则建立了一个由决策层、决策咨询层与管理执行层共同构成的技术创新决策与管理系统，在对相关产品与市场信息进行分析的基础上，以保证做出的决策的科学性。此外，海信于 2015 年搭建的"海视云"平台，在收集客户数据、分析客户消费习惯、了解客户需求、改进产品设计方面发挥了不可忽视的作用。

TCL 在企业内部成立了战略发展部，该部门的主要职责是制定企业发展目标与整体战略，同时负责收集、分析、整理与公司有关行业与产品相关的行业与市场信息资料，以便为公司领导做出决策提供必要的信息支持。与 TCL 集团相类似，中国电信在企业内部设立了专门的市场部，该部门的主要任务是建立与完善电信营销信息收集、分析与处理系统、制定企业年度的营销目标；同时对竞争品牌的性能、价格与营销手段相关信息进行收集、分析，对未来市场的发展方向做出预测；最后对企业新产品上市做出规划，并依据计划对企业内各部门进行任务分配。

企业对内外部信息的掌握，为闪联标准化产品的成功研发提供了前提。比较典型的就是随着市场上消费者对电子消费产品要求的提高，凭借自身研发资源，联想、海信等推出了功能在不断增加但价格却在不断降低的闪联电子产品，有效推动了闪联标准的市场扩散。

#### 7.3.2.5 标准产品研发资源

核心企业的标准产品研发技术能力是影响标准产品研发的关键。一般而言，企业的产品研发技术能力越强，对应的研发出来的产品在性能、种类等方面表现就越优秀。在闪联标准化过程中，不同核心企业 2015 年的技术能力如表 7.8 所示。由表可知，联盟核心企业在产品研发技术能力方面，如企业在研发资金方面的投入与企业研发中心（研究院）的建设等，都为闪联标准产品的研发提供了坚实的基础。

表 7.8　核心企业技术资源

| 企业 | 研发投入 | 研发中心（研究院） |
| --- | --- | --- |
| 联想 | 93.4 亿 | 6 |
| 海信 | 11.47 亿 | 12 |
| TCL | 37.7 亿 | 23 |
| 电信 | 116.3 亿 | 3 |

数据来源：企业年报、研究院大数据库

除技术资源外，闪联联盟核心企业仍有各自独特的技术优势。联想集团专门成立了以客户需求为导向，积极开展应用型技术创新的联想研究院，与中科院计算机研究所经验丰富的研发人员联合，共同进行技术创新。海信则与我国重点大学——山东大学全面合作，建立了"山东大学海信研究院"，同时凭借企业内部国家级应用基础研究中心与公共研发支持平台等研究机构强大的技术研发实力，海信研发出了中国音视频领域第一颗中国具有自主知识产权、产业化的数字视频芯片——"信芯"，为推动闪联标准化提供了有力的技术支持。

TCL 中央研究机构与 TCL 创投共同打造的工业研究院，围绕"3C 融合数字家庭系统及基础软件平台研发"和"新型显示技术"两大战略方向，在智能终端、数字视频与算法等方面进行着持续创新。此外，TCL 还与国际企业联合组建实验室，借助其他企业的研发资源，共同解决技术创新难题。中国电信依据企业的 IT 研发中心，在 IT 架构、云服务平台于系统应用软件方面开展自主技术创新。

　　凭借产品研发技术能力，联想等完成了一系列的闪联标准产品研发，如表7.9 所示，以满足市场消费者个性化、多样化的需求。核心企业对闪联标准产品的研发制造，同时也为联盟内其他成员企业进行标准产品开发指明了方向。长虹闪联电视、海尔闪联物联路由器、美的智能家居等标准产品的相继推出，丰富了闪联标准产品，为闪联标准成为市场事实标准奠定了坚实的基础。

表 7.9　闪联标准系列产品

| 企业 | 闪联标准产品 |
| --- | --- |
| 联想 | 闪联电脑、闪联投影仪、闪联手机、智能眼镜、智能路由器等 |
| TCL | 闪联电视、闪联任意听、QQ 物联电视、智能家居等 |
| 海信 | 闪联电视、闪联机顶盒、智能家电等 |
| 电信 | 闪联应用、闪联终端 |

### 7.3.3　闪联联盟核心企业管理能力

#### 7.3.3.1　内部标准知识管理

　　在闪联标准化过程中，尽管闪联联盟核心企业内部标准知识管理的内容与工具会有所不同，但基本上都遵循着相同的流程（表7.10）。对联想而言，联想集团在内部设立了专门的专利信息中心，并配备专利人员对专利进行统一的统筹管理。同时为了推进集团内知识的共享，企业开展了联想模式的团队学习，并通过《联想报》《新闻集锦》《动态与学习》等内部刊物进行知识传播。最后，为了鼓励企业员工创新，联想推出了一套特别的技术晋升体系，从制度上为技术人员开展创新提供动力。

　　海信量身打造了专门的专利知识管理框架，一方面，为了避免不同分公司中知识产权部门各自为政、管理松散的情况，同时为加强知识产权措施的有效执行，公司设立了知识产权人员集中的知识产权部。另一方面，为了使各部门的成员了解知识产权工作，部门制定了《海信集团专利管理办法》《研发组专利申请规范》等一系列规章制度，并针对企业管理人员，开展 IP 培训，讲解知识产权的管理与应用，以在集团内培养重视知识产权的氛围，为后续工作的开展打开局面。通过实施企业专利知识管理，海信集团的专利申请数量得到了大幅提高。仅在该制度制定的一年时间内，海信的专利申请数量就超过了 400 件。

TCL 则成立了统筹管理集团知识产权活动的知识产权中心，设立专门的专利知识管理系统，将对专利知识的挖掘由"射箭画靶"转化为"画靶射箭"；同时为了加强企业员工对专利工作的积极与主动性，企业通过开办专利知识培训课程，以加强对专利知识了解。知识产权活动的开展增强了企业自主创新的动力，在 2014 年，集团申请专利达到了 2 900 多项。

在中国电信集团内，科学技术委员会作为一个开放、跨部门的决策平台，与集团主业、辅业资源之间有机结合，为研究院研发与员工创新提供补充条件。同时为了加强企业员工的知识产权与创新意识，集团内部通过学习座谈、发放资料、利用内部网站等方式对相关知识进行宣传；经过学习，集团内部上下自主知识产权意识增强，专利申请数量不断增加，企业技术创新管理日益科学。

表 7.10　核心企业内部标准知识管理

| 企业 | 知识收集机构 | 知识共享 | 知识创新 |
|---|---|---|---|
| 联想 | 设立专利信息中心 | 团队学习、内部刊物 | 推出技术晋升体系 |
| 海信 | 设立知识产权部 | 制定规章制度、IP 培训 | 知识实际应用 |
| TCL | 成立知识产权中心 | 知识管理平台系统、专利知识培训 | 知识应用 |
| 电信 | 设立科学技术委员会 | 信息服务系统、团队学习 | 知识应用 |

由表 7.10 可知，联想等核心企业通过不同的内部知识管理系统，完成了闪联标准知识在企业内部的管理，为核心企业推动标准化发展提供了充分条件。

### 7.3.3.2　闪联标准化配套项目建设

在闪联标准化的过程中，联盟核心企业围绕标准化实现所建设的配套项目，影响着闪联标准化的实现。在进行配套项目建设之前，为了提高企业资源的利用率，并确保配套项目能真正发挥作用，企业通常需进行标准化需求分析。如为了加快家电互联互通技术在企业内的应用，同时推动闪联标准的扩散，联盟核心企业在提高闪联标准产品生产技术与效率方面做出了努力。

如当互联网不断发展时，为满足不同客户的不同需求，联想为客户提供了从架构到设计的"无忧数据中心"解决方案，并运用 ThinkCloud 和超融合设备向客户提供更好的服务。此外，为顺应社会的发展趋势，推动企业向互联网云端转移，联想在 2006 到 2012 年间，完成了 12 次 IT 重大项目变革。为此，联想提出了"双态 IT"理念，并利用全球数据中心与网络，逐步建立云平台与大数据平台，以驱动企业转型。

当市场对产品要求提高时，联想在 2011 年联合台湾仁宝合资公司在合肥经济开发区建设了千万级别的笔记本生产项目。到 2014 年，该产业基地拥有了 17 条完整的笔记本表面贴装技术（SMT）生产线、26 条整机组装线，同时拥有可以满足笔记本可靠性、稳定性等测试需求的 29 间实验室。这一项目的建设，满足了联想对生产质量管理的要求，在提高了产品产量的同时也提高了产品质量。

海信则集中发挥企业自身在彩电研发生产方面的优势，在 2007 到 2009 年间，海信投入了大量资金完成了年生产能力达 300 万片的模组生产线建设。采用自己生产的液晶模组，在提升产品产量、降低生产成本的同时，对加强中国彩电业在液晶电视产业链的话语权发挥了积极作用。

在提升产品生产方面，TCL 在 2009 年时就投资建造了当时彩电行业技术最完备的工程——TCL 液晶产业园。该园区成为 TCL 液晶电视一体化生产、科研基地，园区内包含液晶模组整机一体化工厂、家庭网络事业部、泰科立部品产业园等三个工业区，不同工业区所负责的业务不同。如液晶模组整机一体化工厂主要完成液晶电视的生产制造，家庭网络事业部主要经营 Audio 类产品，余下的泰科立部品产业园则为 TCL 的主要产品提供配套的五金、调谐器与电池等零部件。这一产业园的建成，不仅大幅降低了成本，也提升了 TCL 生产配套的能力，对增强 TCL 新产品的研发制造具有重要作用。

作为参与闪联标准推广的重要成员企业，中国电信通过不断升级完善企业建设，为闪联标准化的实现提供更坚实的基础。在智能连接方面，中国电信强化智能连接能力，具体措施主要有加强 4G 网络基站建设，扩大网络覆盖；在 800MHz 频率基础上领先覆盖物联网；同时在农村与城市同步实现光宽覆盖。在智慧家庭与互联网金融生态圈方面，投入专项资源，扩大生态圈用户规模。在新型 ICT 生态圈方面，突出云网融合，实现资源与利益共享，并成立"互联网+"实验室，以推动生态圈的发展。这种种相关项目的建设推进，在促进企业发展的同时，也为 3C 融合技术的广泛应用提供了前提条件。

### 7.3.3.3  标准产品市场开拓

将闪联标准产品快速推向市场，扩大标准用户市场基础规模，是闪联标准成为市场事实标准的关键环节。

从整体上看，联想、海信、TCL 与中国电信通过制定不同的市场营销策略（表 7.11），在不同的市场上都拥有着一定数量的用户基础。这些用户基础的存在，为核心企业推广闪联标准提供了坚实的基础。

表 7.11 核心企业市场营销策略

| 企业 | 渠道 | 产品 | 价格 | 促销 |
|---|---|---|---|---|
| 联想 | LENOVO 社区<br>专卖店<br>分销商 | 自主品牌、IDEAPAD、<br>THINKPAD 系列产品<br>覆盖低、中、高端市场 | 高报价、高折扣 | 广告、人员、<br>公共关系 |
| 海信 | 区域代理商<br>授权代理商 | 多性能、多系列 | 市场导向定价 | 广告、人员、<br>公共关系 |
| TCL | 体验店<br>代理商 | 多性能、多系列 | 企业战略目标定价 | 广告、人员、<br>公共关系 |
| 电信 | 服务销售一体 | 业务捆绑+产品组合 | 弹性价格 | 广告、人员、<br>公共关系 |

一般而言，企业市场份额越高，其对市场的控制力就越强。借助核心企业已拥有的市场基础，标准产品在市场推广扩散过程中遇到的阻力就越小。以 2010 年为例，核心企业的市场份额如表 7.12 所示。由表 7.12 可知，联想以 32.2% 的中国市场份额在个人计算机市场上处于领先的位置；TCL 与海信则分别以 22.7% 与 24.1% 的数值在互联网电视与智能电视市场上表现优秀；而中国电信作为我国三大通信商之一，其通信基础设施与拥有的用户数量不容小觑。核心企业在不同市场上的用户基础，都为闪联标准的市场推广奠定了坚实基础。

表 7.12 核心企业市场份额

| 企业 | 产品类型 | 中国市场份额 |
|---|---|---|
| 联想 | 个人计算机 | 32.2% |
| TCL | 互联网电视 | 22.7% |
| 海信 | 智能电视 | 24.1% |
| 电信 | 3G | 26.5% |

数据来源：企业年报与咨询公司发布数据。

在闪联标准产品推广方面，联想作为 PC 市场的领导品牌，在市场的关注度方面一直保持领先优势，据 ZDC 互联网消费调研中心调查数据显示（图 7.6.1），在 2009 到 2015 年间，联想都以 25% 以上的品牌关注度在笔记本市场上独占鳌头。因此，对联想而言，在其产品已经覆盖了中高低全线市场的情况下，企业选择的闪联标准产品市场开拓策略主要是借助企业现有的市场基础，利用企业已有的市场渠道与知名度，快速将闪联标准推向市场。如在 2006 年 4 月，联想就宣布其笔记本电脑将全线安装"闪联任意通"软件，由联想笔记本逐年扩大的市场份额可知（图 7.6.2），这对闪联标准的市场扩散产生了极大的推动作用。

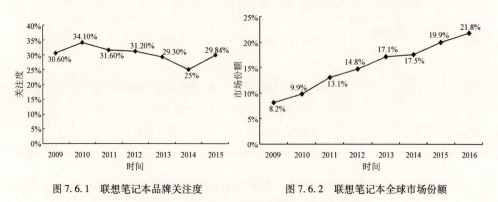

图 7.6.1　联想笔记本品牌关注度　　　　图 7.6.2　联想笔记本全球市场份额

**图 7.6　联想笔记本品牌关注度与市场份额**

与联想集团相类似，海信与 TCL 集团借助其在电视市场上的领先优势，推动闪联标准化发展。海信方面，在 2006 年 6 月推出了首款符合闪联标准的电视。随后，海信又相继推出了 20 余款闪联电视，进一步丰富消费者的选择。在闪联电视市场上，海信也在不断创新发展，基于闪联标准"享屏"技术的海信ITV 2实现了智能电视的多屏互动。TCL 则早在 2004 年时就开发出了基础闪联技术的闪联电视新品，并陆续将研发出的闪联产品推向市场。在进行闪联产品研发的同时，TCL 也利用其建立的 3C 体验店，对闪联产品进行大规模的宣传与推广，以推动闪联标准的市场扩散。

除了利用现有的优势市场，联想、海信与 TCL 也在进一步拓宽闪联标准市场。如联想在 2005 年推出了面向全球市场的闪联投影仪，海信推出的智能空调、智能家居，TCL 推出闪联手机等，都是核心企业在现有企业市场资源的基础上的发展。这一闪联标准市场开发模式，充分利用了企业现有市场资源，极大降低了闪联标准的市场应用风险，同时加速了闪联标准的市场扩散，是一种极为有效的标准市场开拓策略。

联想、海信与 TCL 对闪联标准市场的开拓，推动着闪联标准化的进一步发展。但由于不同企业间技术的不同，不同企业间的闪联标准产品不能实现全面互联互通。为了实现更多闪联标准终端产品的相互融合，电信运营商中国电信的加入，为解决这一问题提供了实现的基础。中国电信在宽带网络方面的技术与市场优势，使得用户只要购买带有闪联标志的电视或闪联机顶盒，就可以用电视上宽带网。这为闪联标准市场推广初期的扩散提供了动力。到了 2010 年，随着闪联标准的进一步发展，中国电信与闪联共同推进三网融合。这一举措的推出，在网络传输方面有效解决了互联网、3G 网与 Wi-Fi 等相关跨异构网络连接方式，使不同网络的 3C 设备之间实现快速互联互通；在终端方面，可以实现不同终端产品的无缝联通。三网融合技术，在促进三网融合发展的同时，也给闪联的整个产业链带来了新的业务模式。

### 7.3.3.4　联盟合作伙伴选择

伴随着闪联标准化的不断发展，闪联联盟也在不断扩大。在研发阶段，联想、海信等企业的目标非常明确，就是促进我国自主研发的标准成为国际标准。

在研发阶段，闪联联盟的主要任务是进行闪联标准技术研发，面对着标准技术研发方面存在的挑战，联想、海信等在进行闪联标准核心构成技术研发外，电子计算机标准化研究院、中科院计算所、清华大学与北京大学等一众在技术研发方面具有显著优势的组织加入了联盟，为闪联标准技术的完善提供了助力。同时借助联想在与微软合作推行"维纳斯计划"中积累的标准技术研发与市场推广经验，为闪联标准的制定提供了一定的指导方向，降低了闪联标准在研发与市场应用方面将面临的不确定性与风险。此外，长虹、长城与夏新等在闪联终端研发方面具有的技术优势与研发经验也为闪联标准的市场应用提供了可能。而于 2004年加入联盟的中国电信，则凭借其在通信市场运营方面的基础优势，为闪联标准的大规模市场应用提供了途径。在 2005 年，随着中芯国际等芯片制造商的加入，代表着闪联产业链所需的相关节点已全部实现，如表 7.13 所示。

**表 7.13　闪联标准产业链**

| 时间 | 学术机构 | 设备供应商 | 芯片制造商 | 产品制造商 | 软件中间商 | 解决方案服务商 | 运营商 |
|------|---------|-----------|-----------|-----------|-----------|--------------|--------|
| 2002 | | | | ✓ | ✓ | ✓ | |
| 2003 | | | | ✓ | ✓ | ✓ | |
| 2004 | ✓ | ✓ | | ✓ | ✓ | ✓ | ✓ |
| 2005 | ✓ | ✓ | ✓ | ✓ | ✓ | ✓ | ✓ |

　　闪联产业链的完善，使闪联标准 1.0 版在 2005 年 6 月成为中国第一个"3C协同产业技术标准"，从这一时刻开始，中国自主的技术标准开始了真正的商用化道路。此阶段，在技术方面，为进一步加强闪联技术的实用性与稳定性，联想等在不断研发与完善闪联的标准技术。2005 年 8 月，信息化部电子工业标准化研究所、信息化部科技司主持召开了"闪联标准符合性检测系统的科技成果鉴定会"，并通过了信产部的鉴定。伴随着技术的成熟，闪联电视、闪联投影仪等一大批闪联产品相继推出。

　　研究者们的不懈努力与国家对闪联标准的政策支持，让许多企业看到了闪联标准的巨大潜力。2006 年 10 月，美的、万和、格兰仕等 12 家白色家电巨头加入了闪联，它们的加入，进一步完善了闪联数字家庭涵盖的产品范围，将闪联标准应用到内容版权保护技术与白色家电的控制领域。闪联标准在数字家庭领域应用的扩大，使得闪联标准在 2006 年 12 月正式作为建筑及居住区数字化技术标准在全国实施。闪联标准技术的不断成熟完善与在中国市场应用范围的扩大，吸引着全球电子消费巨头飞利浦在 2007 年 3 月加入了联盟。

　　在产品终端研发方面拥有丰富资源与经验成员的加入，推动着闪联标准化的加速发展。2006 年 5 月，长虹、创维等宣布闪联电视实现了量产；2006 年 10月，闪联第二代高清电视亮相；2007 年 3 月，闪联涉足电力线通信，并与消费电子电力线通信联盟（简称 CEPCA）结盟，首建认证中心；2007 年，全面开拓闪联数字社区市场；2008 年 7 月，闪联测试及认证系列标准正式成为 ISO/IEC 设备验证国际标准；2008 年 8 月，闪联数字社区在青岛、济南等地落地实现，这也意味着闪联标准在产业化方面取得了重大进展。闪联产业化的快速发展，对闪联标准技术推出了新的要求，在 2009 年 3 月，闪联正式启动了 IGRS2.0，将家庭内部的部分互联扩展到 3C 网络互联，实现局域网应用扩展到 3G 应用。

闪联标准技术的提高，带来了闪联标准市场应用领域的进一步扩大。这一时期内，闪联标准联盟继续丰富着标准产业链。2011 年，韩国 SK 电信、主营智能家居的物联智慧、以运动产品为主的川崎电子加入联盟；2009 年 11 月，闪联已有 PC、笔记本、电视、手机、投影仪等 20 余种产品上市销售，累计销量近 700 万台，直接创造了经济效益 22.8 亿；2010 年 10 月，推出物联网"感知生活"理念，实现生活全面的互联互通；2011 年 8 月，推出"享屏"技术，使不同智能设备之间通过无线互联互通实现"多屏互动"；2015 年，领军打造智慧城市。智慧城市是闪联技术标准的全面市场应用，能大幅扩大标准的市场影响范围。

### 7.3.3.5　联盟知识流动管理

闪联联盟知识流动管理，有助于促进闪联标准化目标的实现。为此，核心企业也采取了积极措施。在闪联联盟内知识的流动方向方面，核心企业采取的主要方式是核心企业带动。其原因在于：联想、电信等企业自身资源丰富，企业实力强大。因此，他们在闪联标准化过程中能引导闪联标准的发展方向。如联想对闪联电脑、联想手机，海信、TCL 对闪联电视、智能家居等的研发确定了闪联标准的产品应用类型，为联盟内其他成员的研发提供了方向。此外，核心企业在标准发展过程中，出于对技术、市场方面资源的需求，也会与联盟内对应成员间建立合作。如在科研方面，2006 年，清华大学与青岛海信就有线数字电视展开了合作；2013 年 4 月，联想集团联合清华大学共同打造了智能移动教学"明德 e学"；TCL 则与中山大学就新型显示技术、数字家庭等领域展开了深入合作。在企业方面，海信与中芯国际、联想与京东方、电信与华为、TCL 与紫光等的合作，都有助于促进闪联标准知识的流动。

在标准知识流速方面，为促进知识共享，联盟内的知识产权小组，对加入闪联专利池的技术专利进行管理、协调。在标准制定过程中，标准的实施者可以得到和使用会员向工作组提交的专利与商业秘密等。联盟内的成员也可以使用专利池、公平合理非歧视且免费或公平合理非歧视的方式对其拥有的核心技术专利进行许可[318]。此外，为了鼓励联盟成员的创新，联盟将成员企业研发的技术纳入到闪联标准体系中来。借助联盟在标准制定与应用方面的优势，推动企业技术快速实现大范围应用。如经国家质量监督检验检疫总局和国家标准化管理委员会批准，由美的集团主导的闪联白电互联标准于 2013 年 7 月 1 日起正式实施，这进一步提升了美的在白色家电领域的市场影响力与竞争力。

### 7.3.3.6 标准收益分配

对标准收益进行分配的关键是对标准的价值进行评估。在技术标准研发阶段与产业化阶段，出于联盟标准化战略目标的不同，标准专利更多地是在成员间进行交叉许可。随着闪联标准大规模的市场应用，联盟可通过收取相应的标准专利许可费，在对闪联标准技术进行保护的同时，获取更多收益。因此，可使用实物期权的方法对进行收费许可的闪联标准价值进行评估。

以联想集团为例，因为联想已在其全线笔记本上安装了闪联协议，因此，可从联想笔记本数量变化的角度出发（图 7.7），对闪联标准的价值进行评估。

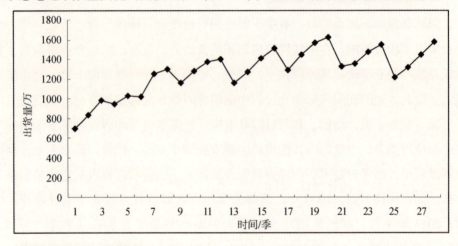

数据来源：Gartner 调研数据

**图 7.7  2010—2016 联想笔记本全球出货量**

根据闪联标准的市场化阶段时间，本书选取 2010—2016 年间联想相关数据进行分析。对等式（5.13）中的相关参数进行计算，结果如表 7.14 所示。

其中 $\beta_x$ 的计算过程为：

（1）通过计算 2010—2016 年间纽约证券交易所发布的联想集团交易股票价格与综合指数，得到联想集团股票价格波动率 $\sigma_p$ 与资产组合市场波动率 $\sigma_n$ 的值分别为 4.2% 与 0.43%，且两者之间的相关系数 $\rho_{pn}$ 为 -1.4%；

（2）依据公式 $\beta_p = \dfrac{\sigma_p}{\sigma_n}\rho_{pn}$，计算联想集团的市场 $\beta$ 值，$\beta_p$ 为 -0.14。

利用表 7.13 的参数数据，以季为单位进行计算。又因为联想笔记本的型号较多，不同型号的笔记本价格不一。在计算过程中，价格统一为常数。联想笔记本的初始销量 $x_0 = 700$ 万，$x_{et} = 835$ 万，当 $\pi = 80\%$ 时，$x_{gl} = x_{el} * \pi = 668$ 万，此时，将所用参数值带入等式（5.13），则 $V = 21.9$ 万。同理，当 $T = 2$，3，4…时，$x_{et}$ 与 $x_{gt}$ 同时发生变化，当 $\pi_t$ 的值分别为 60%，70%，80%，90% 时，则值 $V$ 的变化如图 7.8 所示。

**表 7.14　模型参数数据来源与确定**

| 参数 | | 数据来源 | 数值 |
|---|---|---|---|
| 无风险利率（$r$） | | 2013 年国家发行的一年期国债年利率[1] | $r = 3.70\%$ |
| 产品数量波动率（$\sigma_x$） | | Gartner 发布每季度联想全球市场 PC 出货量 | $\sigma_x = 11.6\%$ |
| 产品数量<br>新增长率（$a_x$）<br>$a_x = a_x - [E(R_m) - r]\beta_x$) | 产品数量的增长率（$a_x$） | Gartner 发布每季度联想全球市场 PC 出货量 | $a_x = 3.7\%$<br>$a_x = 2.28\%$ |
| | 市场收益率 $[E(R_m)]$ | 纽约证券交易所综合指数 | $E(R_m) = 0.05\%$ |
| | （联想集团产品数量的 $\beta$ 值）<br>$\beta_x^{[2]} = \dfrac{\sigma_x}{\sigma_p}\beta_p$ | | $\beta_x = -0.39$ |
| 派息率（$\delta_x$） | | $\delta_x = r - a_x$ | $\delta_x = 2.28\%$ |
| 最低产品数量（$x_{gt}$）：$x_{gt} = \pi_t x_{et}$ | | Gartner 发布每季度联想全球市场 PC 出货量 | $x_{et}$ 随时间 $T$ 的变化而变化 |

说明：（1）本书研究选取联想集团 2010—2016 年的数据，取 2013 年的国债利率作为无风险利率 $r$；
（2）$\beta$ 是评估技术标准用户数系统性风险的工具，用于度量其相对于整体市场的波动性。

由图 7.7 与图 7.8 可知技术标准期权价值 $V$ 与产品销量 $x_{et}$、$\pi_t$ 值呈正相关关系，即产品销量 $x_{et}$ 越高，$\pi_t$ 越大，期权价值也越大。原因在于当技术标准的最低产品数量增加时，技术标准潜在用户基础规模增大，联盟核心企业在技术标准市场运营过程中获得的预期收益增加，因此，对应的标准期权价值 $V$ 值变大。

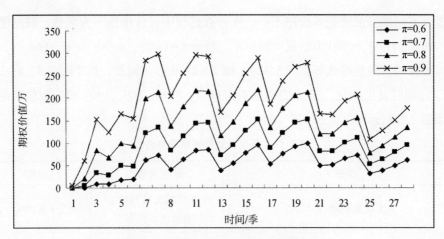

图 7.8  不同 $\pi_t$ 值时，期权价值的变化

### 7.3.4  闪联联盟核心企业关系能力

为了促进闪联标准化的发展，联盟核心企业有时候需要与联盟外的组织建立联系，以整合更多资源，推动标准化发展。因此，联盟核心企业的关系对象包含所有与企业运行相关的联盟内外组织。

#### 7.3.4.1  关系建立能力

在关系建立方面，联想、海信等通过多种方式与类型不同的组织建立了不同的关系。在科研组织方面，针对不同的问题，联想更多地是与科研组织组建专门的实验室，有目的地进行合作。2003 年 10 月，深圳信息职业技术学院与联想共建"软件测试实验室"与"工程测试实验室"，以开发测试大型软件；为了在云计算方面实现发展，联想在 2013 年 10 月与 VMware 合作成立"联想威睿技术联合实验室"；而为了解决"互联网+"计划中对云服务识别身份的需求，中国科学院自动化研究所在 2016 年 1 月与联想共同建立了"身份认证云服务联合实验室"。此外，与联想共建实验室的还有东南大学、北京化工大学、厦门大学、北京航空航天大学等。

在这方面，海信、TCL 与电信也同样不落人后。海信在 2006 年 8 月与上海同济大学成立了"海信-同济智能交通系统联合实验室"，就未来智能交通方面的技术进行了研究。2013 年，海信分别与中科院自动化研究所、北工大就电子信息技术发展组建了"高效信息处理与 MaPU 应用联合实验室""北工大海信联合实验室"。在联合实验室的组建方面，TCL 与中国电信的合作组织分别有华中理工大学、清华大学、上海研究院等。通过组建联合实验室的方法，企业与科研组织双方就某一问题进行了深入的技术、知识交流，在这一过程中建立了紧密的关系。

除了技术方面的合作，核心企业与科研组织建立联系的方式还有人才交流的方式。如联想与山东劳动职业技术学院、济南职业学院等成立的联合培训班，联想在 2008 年 1 月携手中国科学院共建联想学院，借助中科院的师资以培养更多的创新创业人才，促进技术创新成果的商业化与规模化。与此同时，山东凯文科技职业学院、山东英才学院等与海信，南京中华中等专业学校、广西工业技师学院等与中国电信，中央广播电视大学、惠州学院等与 TCL 集团之间在人才培养等方面都正式建立了合作关系。这一方式实现了学校理论知识与企业实践间的优势互补，推动了双方的共同发展。

在商业组织与中介组织方面，核心企业主要是通过项目合作的方式，以推进双方业务的共同发展。如联想与中信银行联手打造了"未来银行"，与招商银行在 3C 服务领域广泛合作，与微软、Nutanix、DaoCloud 等企业合作；海信与交通银行、爱奇艺等，TCL 与上海银行、乐视等，中国电信与中国银行、中国联通等也展开了项目合作。核心企业与商业组织、中介组织间的战略合作，一方面核心企业可利用合作伙伴的资源来扩大闪联标准的应用范围，另一方面合作伙伴可通过合作加强企业在 3C 融合市场的发展。这是一种双方都能得到益处的关系建立方式，在核心企业关系建立中较为常用。

政府作为影响闪联标准化发展的重要组织，与其建立关系，对闪联标准的发展大有裨益。与一般组织不同，政府作为公共服务组织，核心企业与其关系建立的方式主要是通过提供产品或服务。如联想凭借其在信息领域发展掌握的资源与积累的经验，长期以来为各级政府信息化建设提供高品质、安全与可靠的产品、方案与服务，为政府事业的开展提供了保障平台。比较典型的成功案例有上海市地方税务局虹口区分局云计算中心、武汉市公安局治安交管数据资源整合平台等。海信则凭借其在图像显示与硬件创新方面的实力，其研发生产的 7 款医用显示器进入政府节能产品的采购清单。中国电信则凭借其在通信领域开展的业务，为政府工作的开展奠定了基础。除此之外，TCL 则另辟蹊径，与深圳市政府通过合作投资的方式建立关系。

### 7.3.4.2　关系发展能力

为了加强与不同组织间的关系，保持关系网络的平稳运行，核心企业采取不同方式加深与相关组织的交流。

一方面，利用信息技术发展带来的变化，联想、海信等企业都通过企业建设的官方网站，实时更新发布企业的最新动态，相关内容包含企业的最新技术进展、战略导向与企业活动等，这为其他组织全面了解核心企业的情况提供了平台。相关组织可结合已了解的核心企业信息与组织自身需求，来决定是否与核心企业在某些方面进行合作。

另一方面，在关系建立过程中，为了保障关系双方沟通的顺畅，核心企业根据不同组织的知识基础选择对应的关系建立方式。如与科研实力强的中国科学院、清华大学等科研组织采取的是共同组建实验室的方式，与职业技术学校等一般的教育机构采取的则是人员培训的方式，与银行、微软等市场资源丰富的中介组织、商业组织则更多地是开展项目合作，而与政府机构则是采用提供产品或服务的方式。不同的关系建立方式，有利于提高交流信息的质量，为提高合作绩效提供了条件。

### 7.3.4.3　关系运用能力

要保持关系网络长期高效的运行，核心企业就要使关系网络中成员组织都能在建立的关系中获取对应的收益。因为不同的组织所拥有资源的稀缺程度与利益诉求点不同。因此，不同组织所获得的收益也有所不同。通过与联想、海信等企业的合作，中科院研究所、清华大学等首先能在与企业联合建设实验室的过程中，掌握了一套针对技术领域的教学方案；其次能促进科研组织在云服务、云计算等技术领域取得研发优势；同时实现科研机构与企业之间的人才交流，形成人才输送的长效机制；最后，能利用企业在技术市场化方面的优势，引导科研组织的研究成果向产业化、市场化转化。而一般教育组织则利用与联想等开展校企合作的方式，向联想等大型企业输送人才，提高自身在人才教育方面的知名度与竞争力。

中介组织与商业组织则在与核心企业的合作中，通过集合双方各自优势资源，降低在新市场、新领域开拓中遇到的风险，进而获取更多新业务给组织带来的市场经济收益。而政府机构组织则利用联想、海信等提供的产品和服务，为社会公众提供更好的服务。如凭借联想提供的联想移动警务解决方案，极大地提高了公安机关快速反应、整体作战与动态管理的能力，使公安机关能更好地维护社会稳定，打击违法犯罪。利益诉求点的满足，使得联想、海信等企业与不同组织间建立的关系在维持的基础上，得到了进一步的深化发展。

此外，联想、海信等还定期举办合作伙伴大会，对一定时间段内表现出众的合作伙伴给予一定奖励，如授予"优秀合作伙伴"称号等。不同形式的奖励也在一定程度上激励着核心企业关系网络成员组织与核心企业建立更为紧密的关系。

## 7.4 案例总结与管理建议

### 7.4.1 案例总结

#### 7.4.1.1 标准联盟核心企业引领技术标准化发展

闪联标准的案例展现了联想、海信等闪联联盟核心企业在推进闪联标准化实现中所发挥的引导作用。在技术标准化日益发展的今天，技术标准联盟已成为推动技术标准化实现的主要组织形式。但联盟内众多的成员企业在各自利益与整体利益的影响下，如何使整个联盟以一致的目标、沿着正确的方向向前发展，是标准化成功的关键。此时，在联盟中占据核心主导位置的核心企业就凭借核心技术与市场优势，影响着联盟的运行与技术标准化的发展。

早在 2002 年，伴随着世界范围内 3C 融合技术的发展，联想、海信与 TCL 等五家企业联合发起成立了闪联标准工作组，这一工作组的成立代表着国内企业对 3C 融合技术的正式研发。这一举措同时受到了政府的支持，在 2003 年 7 月，由信息化部科技司主导的"闪联标准工作组"正式成立。联想等企业在闪联标准方面的率先行动也在一定程度上代表着国内 3C 融合技术的发展趋势。

随着闪联标准的逐步发展，联想、海信等企业在这一发展过程中的引导作用日益明显。如凭借企业自身在 PC、彩电等方面的研发生产优势，闪联电脑、闪联电视成为早期出现的闪联标准产品类型。在这段时间内，闪联联盟内的其他成员开展活动的主要中心是推进闪联电脑与闪联电视的研发与推广，如相关芯片的研发、配套生产线的建设、产品体验店的服务等。当闪联标准进一步成熟完善时，标准的应用范围不断扩大，除了家电领域外，联想、海信等将闪联标准应用扩展到了智慧医疗、智慧教育等方面。这同时也引导联盟内成员的发展方向，如联盟成员研发生产的新一代视频医疗产品、触控一体机、数字讲台、电子书包等一系列智慧配套产品。

标准联盟核心企业不仅影响着标准化的发展方向，同时也影响着标准化的发展速度，因此，核心企业所具备的标准化能力值得关注与研究。

### 7.4.1.2 核心企业标准化能力的构成要素之间相互影响

技术标准化的实现涉及技术与市场等方面的众多活动，这些活动的完成需企业与联盟组织同时参与。因此，核心企业推进技术标准化实现的标准化能力是由研发能力、管理能力与关系能力三种能力要素构成的能力集合体。由于标准化活动的相关性，标准化能力的构成要素之间也相互作用、相互影响。

当联想、海信等核心企业运用研发能力进行闪联标准技术研发时，实现成功研发所需的研发信息与研发资源离不开高效管理、稳定运行的企业，其中企业获取信息与资源活动的过程中不可避免地要与市场中其他组织建立关系。当闪联标准核心技术体系构建完善后，为了实现标准应用的新要求，核心企业一方面利用自身资源进行闪联标准产品研发，另一方面整合联盟内企业成员力量，尽可能地提高闪联标准产品性能与丰富闪联标准产品种类，从而扩大闪联标准市场应用范围的同时，降低市场应用风险。在闪联标准大规模市场扩散过程中，在对闪联标准产品进行推广的同时，对标准技术的提升与产品的丰富，对提高标准市场竞争力有重要影响。在标准化的整个发展过程中，标准化能力中的研发能力、管理能力与关系能力交互作用，共同推动闪联标准化顺利实现。

### 7.4.1.3 核心企业标准化能力具有动态性与阶段性的特征

标准联盟核心企业标准化能力的主要作用是推动技术标准化发展，当标准化发展阶段所呈现的特征与对资源的需求发生变化时，与之对应的企业标准化能力也发生变化。

在闪联标准化的实现过程中，闪联标准在不同的阶段对核心企业标准化能力的需求有所不同。在标准研发阶段，闪联标准技术体系不成熟，联盟主要活动是进行标准技术研发，以快速确立标准的核心技术体系，与此同时为降低市场风险，也初步开始对闪联标准市场应用进行检验。通过运用研发能力，闪联联盟在2004年初步确立了闪联标准的 1.0 版本，同时也通过对闪联电脑与闪联电视的研发，完成闪联标准核心技术体系确立与市场初步检验；到了产业化阶段，闪联标准在产业间扩散的实现需要大量的企业开展协同合作，随着合作企业的增加，闪联联盟不断壮大。为了维持联盟的稳定运行，发挥不同成员资源的最大效用，对闪联联盟进行有效的管理不可或缺。因此，对合作伙伴的选择，不同联盟管理措施如成员间技术专利的许可与知识的共享制度的制定等，都为闪联联盟发挥其最大效用提供了保障；为了实现闪联标准的大规模市场扩散，联盟核心企业一方面不断扩大标准的应用范围，如在智慧教育、智慧城市等领域的应用；另一方面则借助其市场扩散渠道，加大闪联标准的市场推广力度。

综上，核心企业标准化能力具有显著的动态性与阶段性，当标准化动态向前发展时，与之相匹配的标准化能力也同时发生变化。

### 7.4.2　管理建议

纵览全球，标准化战略对国家、产业和企业发展的作用日益重要，标准化能力是标准化战略的重要组成部分，越来越多的国家和企业都在积极推动技术标准实现市场化。但在技术标准化过程中，仍面临着许多问题和挑战。深入了解标准化发展需求、整合技术标准联盟成员优势资源与对标准化能力进行合理配置，将大大提升核心企业的标准化能力。

#### 7.4.2.1　了解技术标准化发展规律

规律是指事物间的必然联系与发展的方向，世界上任何一件事物都有其自身发展的规律，对事物发展规律的了解，能为人们实践活动的开展提供正确的指导。技术标准化的发展也毫无例外地有其自身发展的规律，也就是说技术标准化发展的内在因素之间存在着一定的联系，且技术标准化的发展也有一定的方向。如在技术标准化中，技术与市场之间相互作用，越先进、性能越优越的技术市场应用的成功概率就越高，而市场应用范围的扩大也在不断要求企业提升技术的性能；同时技术标准化的发展方向受到标准技术的不断研发与完善，市场应用不断扩大的影响。

对技术标准化中内在因素之间的联系与技术标准化发展方向的了解，有助于标准联盟核心企业标准化活动的正确开展。一方面，因为技术标准化中技术与市场之间的相互联系，为了实现标准技术大范围的应用，核心企业就需在标准技术上不断努力；另一方面，因为技术标准化的发展方向是技术标准的大规模市场应用，围绕这一目标，核心企业就需整合研发、生产与推广各方面的资源，推动技术标准化最终目标的实现。

### 7.4.2.2 整合技术标准联盟成员优势资源

随着技术标准化的发展，技术标准联盟内的成员数量与种类不断完善。技术标准联盟合作伙伴选择的最终目的是实现技术标准的确立与扩散，对应的技术标准联盟合作伙伴的选择依据是潜在联盟成员所掌握的资源能为技术标准化发展服务。此外，又由于技术标准化发展对资源的需求是一个动态变化的过程，为此，为满足资源需求而进行的合作伙伴选择也是一个持续的动态过程，贯穿于技术标准化发展的整个阶段。因此，技术标准化的最终实现离不开技术标准联盟内成员提供的各项资源。不同成员间资源的互补与共享，共同构筑了完备的标准化能力体系。

但因为联盟内不同成员各自的优势资源各不一样，为了发挥核心企业标准化能力的最大效用，核心企业需采取有效的措施，积极整合不同成员间的优势资源。通过资源在联盟内的流动，完成资源在联盟内的解构与重组，进而实现技术标准化能力的整体优化与提升。

### 7.4.2.3 技术标准化能力的合理配置

技术标准化的实现需要企业运用各项能力，在能力水平一定的前提下，如何发挥不同能力的最大效用，一个重要的条件就是了解标准化发展的具体需求。技术标准化过程具有明显的阶段性，核心企业应在对各阶段特征与需求进行深入了解的基础上，有针对性地合理配置技术标准化能力。如标准化研发阶段主要完成标准技术研发活动，因此，此阶段核心企业标准化能力主要以研发能力为主，管理能力与关系能力为辅。当进入产业化阶段时，联盟主要目标是完成技术标准的产业间扩散，对应的是需要核心企业运用研发能力完成标准相关产品的研发，并在关系能力的作用下整合标准产业链资源的同时，实现标准在产业间的扩散。在最后的市场化阶段，联盟需同时完成技术标准升级与市场大规模扩散等多项活动，因此，此阶段联盟核心企业需同时应用研发能力、管理能力与关系能力。

依据技术标准化发展需求，合理的配置标准化能力，不仅可以使标准化能力发挥最大效用，同时也可避免能力的滥用，从而推动技术标准化高效实现。

## 7.5　本章小结

　　本章首先根据案例研究的规范和设计要求，说明了本研究案例的具体选择与设计，并选择推动闪联标准化成功的闪联联盟核心企业为研究对象。随后通过对闪联标准联盟官网、新浪新闻、国家知识产权局官方网站等途径收集的数据资料进行分析，运用标志事件法与技术专利分析法对闪联标准化阶段进行具体划分，并采用社会网络分析法，利用 UCINET6.0 软件识别闪联联盟核心企业。然后利用闪联联盟官网、核心企业官网与各种公开信息发布渠道收集核心企业标准化行为的数据资料，对联想、海信、TCL 与中国电信的研发能力、管理能力与关系能力在闪联标准化中的具体作用进行了分析，从多方面论证了前文构建的标准联盟核心企业标准化能力构成与作用理论体系的合理性与完善性。最后，结合本章案例结论，提出深入了解标准化发展需求、整合标准联盟成员优势资源与合理配置标准化能力等建议，以有效提高联盟核心企业的标准化能力。

# ┃ 结　论

## 1. 研究结论

本书主要运用企业生态位理论、网络外部性理论、资源基础理论与动态能力理论，在对关于技术标准化动因、过程与影响因素，技术标准化实现所需能力等相关研究进行述评的基础上，结合技术标准化过程联盟核心企业所发挥的作用及其运行的特征与规律，对技术标准化能力定义与内涵进行了界定，分析了技术标准化实现过程的阶段活动特征与影响因素，对技术标准化过程标准化能力的具体构成与作用机理进行了系统研究，在相关理论推演的基础上将抽象的技术标准化能力转化为具体的企业行为，结合案例论证了标准联盟核心企业标准化能力的构成和具体作用的理论框架，并在对案例研究的结论总结的基础上，提出了提升标准化能力的建议。本书的主要研究结论有：

（1）技术标准化是一个阶段特征与资源需求各不相同的动态发展过程。技术标准化的最终目标是实现技术标准大规模市场应用，为此，核心企业联合联盟成员首先需完成标准核心技术体系的研发与构建；其次，完善的标准核心技术体系是技术标准市场应用的重要基础，只有在确定标准核心技术后，标准联盟成员才能在此基础上开展标准产品研发、互补/配套技术开发等一系列能提高技术标准效用的活动；最后，将搭载了一系列标准技术的标准产品推向市场，以实现技术标准化的最终目标。这是一个循序渐进的过程，在标准化的不同阶段标准技术与标准用户市场呈现出不同的特征，且为了推进技术标准化阶段发展，对应的在标准化不同阶段所投入的资源也有所不同。

（2）技术标准联盟核心企业标准化能力由研发能力、管理能力与关系能力等子能力构成。技术标准化的成功实现，并不只是研发与完善标准技术体系，更为重要的是将构建完善的标准技术体系实现大规模市场应用。在这一过程中，核心企业不仅需完成标准核心技术的研发，也需在自身资源有限的条件下，与标准联盟内其他掌握各项优势资源的企业展开协同合作，共同完善标准技术体系，并将联合研发生产的标准产品推向市场。此外，核心企业通过与中介、政府等组织建立关系而获取的市场、政策等专有资源，有助于进一步降低标准化中的不确定性，同时加快标准化实现。标准联盟核心企业完成技术标准化过程各项活动及整合、利用各项资源的能力共同构成了技术标准化能力。因此，技术标准化中，核心企业技术标准化能力由研发、管理与关系能力构成。

（3）标准联盟核心企业标准化能力子能力在技术标准化中发挥着不同的作用。技术标准化的实现是一项复杂的活动，且涉及的组织数量、种类众多，因此，针对标准化中的不同活动，构成核心企业标准化能力的子能力在标准化中的作用有所不同。研发能力主要是对标准技术体系进行研发、完善与完成标准产品的研发，是技术标准化实现的核心基础能力；管理能力则主要是对高技术企业与技术标准联盟等推进标准化的组织进行有效管理，以使高技术企业与联盟实现平稳、高效的运行，从而发挥企业与联盟在标准化中的最大效用，是推进技术标准化发展不可或缺的一种能力；而关系能力有助于标准联盟核心企业整合、利用各项影响标准化实现的资源。三者之间相互联系、相互作用，共同推进技术标准化的最终实现。

## 2. 创新点

（1）从技术标准化这一动态发展角度研究了推动技术标准化实现所需的具体能力。关于技术标准化实现所需能力，学者们主要从标准技术或联盟组织的层面，静态地对相关能力进行研究。但技术标准化是一个动态向前发展的过程，且每一阶段技术标准的特征与对应的资源需求有所不同。为了满足标准化发展所需，同时也提高标准化能力的利用效率，本书在标准化阶段特征与资源需求的基础上，从技术标准化这一动态发展视角对标准化能力进行了研究。

（2）从技术标准化发展过程的角度对标准联盟核心企业进行了识别。关于网络核心节点的识别，学者们进行了大量研究。但技术标准联盟作为一个典型的合作网络组织，关于其中核心企业的识别研究却较少，一方面在于联盟成员相关合作数据难以获取，另一方面因为联盟成员处于动态变化之中。本书首先通过联盟官方网站确定标准化不同阶段标准联盟的具体成员；接着以联盟成员间的项目合作数作为衡量成员间关系的指标，通过权威信息发布网站收集相关合作数据；最后运用社会网络分析法，通过 UCINET6.0 软件绘制标准化不同阶段标准联盟的演化图谱，并计算联盟不同成员的网络中心值。在比较相关数值大小的基础上，识别标准化不同阶段标准联盟中的核心企业。

（3）首次提出了联盟核心企业技术标准化能力由研发能力、管理能力与关系能力三个子能力构成，并对这三个要素在技术标准化中发挥的作用进行了研究。通过分析技术标准化不同阶段的特征与资源需求，结合标准化能力形成的动因与基础，指出标准联盟核心企业标准化能力由研发、管理与关系能力子能力构成；并进一步从推进技术标准化快速、高效实现的角度，对核心企业研发能力、管理能力与关系能力在标准化中的具体作用进行了系统、深入的研究。

### 3. 研究局限性与进一步的研究方向

本书对技术标准化过程标准联盟核心企业标准化能力的构成与作用机理进行了系统研究，并采用案例研究的方法对相关理论进行了论证。但由于相关数据资料有限，对于其中的一些问题，并未能够深入研究，有待于未来进一步进行研究。

（1）作用于技术标准化过程的标准联盟核心企业技术标准化能力的构成要素之间相互联系、相互作用，单独对其构成要素作用过程进行研究，容易产生一定的偏差。因此，可考虑从整体层面上对作用于技术标准化过程的标准化能力进行研究。

（2）采用单个案例的研究方法对相关理论进行验证，可能缺乏一定的普遍性与通用性。为了增加研究理论的应用范围，未来将采用不同行业的样本与大样本数据研究的方法，对标准化能力进行进一步的研究。

# ┃ 参考文献

［1］宋柳平. 华为的价值观与标准战略［J］. 标准生活，2009（7）：9-10.

［2］许月恒，朱振中，董传金. 基于技术标准的企业核心竞争力提升策略研究［J］. 华东经济
管理，2008（5）：125-128.

［3］孙耀吾，胡林辉，胡志勇. 技术标准化能力链：高技术产业技术能力研究新维度［J］. 财
经理论与实践，2007（6）：95-99.

［4］KEIL T. De-facto standardization through alliances——lessons from bluetooth［J］. Telecommuni-
cations Policy，2002，26（3-4）：205-213.

［5］王硕，杨蕙馨，王军. 标准联盟内平台产品技术创新对成员企业的财富效应——来自"开
放手机联盟"的实证研究［J］. 经济与管理研究，2014（8）：96-107.

［6］郭斌. 产业标准竞争及其在产业政策中的现实意义［J］. 中国工业经济，2000（1）：
41-44.

［7］葛亚力. 技术标准战略的构建策略研究［J］. 中国工业经济，2003（6）：91-96.

［8］LEA G，HALL P. Standards and intellectual property rights：an economic and legal perspective
［J］. Information Economics & Policy，2004，16（1）：67-89.

［9］王黎萤，陈劲，杨幽红. 技术标准战略、知识产权战略与技术创新协同发展关系研究
［J］. 中国软科学，2004（12）：24-27.

［10］LICHTENTHALER U. Licensing technology to shape standards：Examining the influence of the
industry context［J］. Technological Forecasting & Social Change，2012，79（5）：851-861.

［11］BRUNEAU J F. A note on permits，standards，and technological innovation［J］. Journal of En-
vironmental Economics & Management，2004，48（3）：1192-1199.

［12］KRECHMER K. Technical standards：Foundations of the future［J］. StandardView，1996，4
（1）：4-8.

［13］BEKKERS R，BONGARD R，NUVOLARI A. An empirical study on the determinants of essential
patent claims in compatibility standards［J］. Research Policy，2011，40（7）：1001-1015.

[14] 毕克新，王晓红，葛晶. 技术标准对我国中小企业技术创新的影响及对策研究 [J]. 管理世界，2007（12）：164-165.

[15] 华鹰. 企业技术创新中的技术标准战略——以专利与技术标准相结合为视角 [J]. 中国科技论坛，2009（10）：40-43.

[16] 李丽君. 技术标准与专利融合发展研究 [J]. 现代财经（天津财经大学学报），2007（9）：33-38.

[17] 谢伟，赵志平. 如何获取标准创造的价值？[J]. 科学学与科学技术管理，2005（8）：29-33.

[18] KATZ M L, SHAPIRO C. Product compatibility choice in a market with technological progress [J]. Oxford Economic Papers, 1986, 38（4）：146-165.

[19] KATZ M L, SHAPIRO C. Technology adoption in the presence of network externalities [J]. Journal of Political Economy, 1986, 94（4）：822-841.

[20] 佚名. ISO 批准的标准术语及其定义 [J]. 航空标准化，1973，（6）：35-36.

[21] 中国科学技术情报研究所，桑德斯. 标准化的目的与原理 [M]. 北京：科学技术文献出版社，1974：1-2.

[22] 时建中，陈鸣. 技术标准化过程中的利益平衡——兼论新经济下知识产权法与反垄断法的互动 [J]. 科技与法律，2008（5）：45-50.

[23] 李哲，刘彦. 技术标准的产业技术政策工具分析 [J]. 科技进步与对策，2010，27（2）：81-84.

[24] 孙敬水. 技术性贸易壁垒的经济分析 [M]. 北京：中国物资出版社，2005：150-151.

[25] 史秀英. 标准化对企业和国民经济的影响——德国进行大规模的"标准化总体经济效益"调查研究 [J]. 世界标准化与质量管理，2002（12）：17-20.

[26] TECHATASSANASOONTORN A A, SUO S G. Influences on standards adoption in de facto standardization [J]. Information Technology Management, 2011, 12（4）：357-386.

[27] 王珊珊，任佳伟，许艳真. 国外技术标准化研究述评与展望 [J]. 科技管理研究，2014，34（20）：24-28.

[28] 孙耀吾，赵雅，曾科. 技术标准化三螺旋结构模型与实证研究 [J]. 科学学研究，2009，27（5）：733-742.

[29] LYYTINEN K, KING J L. Standard making: A critical research frontier for information systems research [J]. MIS Quarterly, 2006, 30（1）：405-411.

[30] 张琰飞，吴文华. 信息产业技术标准联盟生态属性研究 [J]. 科技进步与对策，2010，27（8）：88-92.

[31] 严清清，胡建绩. 技术标准联盟及其支撑理论研究 [J]. 研究与发展管理，2007（1）：100-104.

[32] 代义华，张平. 技术标准联盟基本问题的评述 [J]. 科技管理研究，2005（1）：119-121.

[33] 李大平，曾德明. 高新技术产业技术标准联盟治理结构和治理机制研究 [J]. 科技管理研究，2006（10）：78-80，104.

[34] 吴文华，张琰飞. 技术标准联盟对技术标准确立与扩散的影响研究 [J]. 科学学与科学技术管理，2006（4）：44-47，53.

[35] 郑文范. 论技术联盟对技术交易外部性的消除 [J]. 科技成果纵横，2004（6）：22-23.

[36] 吴文华，曾德明. 基于交易成本的技术标准联盟形成机理研究 [J]. 财经理论与实践，2006（4）：88-91.

[37] 李庆满. 产业集群条件下技术标准联盟形成的动因探析 [J]. 中国市场，2009（28）：10-12.

[38] 谭静. 论企业标准联盟的动机 [J]. 决策借鉴，2000（5）：7-9.

[39] 曾德明，方放，王道平. 技术标准联盟的构建动因及模式研究 [J]. 科学管理研究，2007（1）：37-40.

[40] LIM A. Inter-firm alliances during pre-standardization in ICT [D]. Eindhoven：Eindhoven University of Technology, 2003.

[41] 夏大慰，熊红星. 网络效应、消费偏好与标准竞争 [J]. 中国工业经济，2005（5）：43-49.

[42] CLEMENT M T. Direct and indirect network effects：are they equivalent？ [J]. International Journal of Industrial Organization, 2004, 22（5）：633-645.

[43] 张琰飞，吴文华. 信息产业技术标准联盟生态属性研究 [J]. 科技进步与对策，2010，27（8）：88-92.

[44] KRUGMAN P. Increasing returns and economic geography [J]. Journal of Political Economy, 1991, 99（3）：483-499.

[45] LORENZONI G, BADEN-FULLER C. Creating a strategic center to manage a web of partners [J]. California Management Review, 1995, 37（3）：146-163.

[46] NEWMAN M J. Scientific collaboration networks. I. network construction and fundamental results [J]. Physical Review E, 2001, 64（1 Pt 2）：132-158.

[47] LANGEN P D, NIJDAM M. Leader Firms in the Dutch Maritime Cluster [M]. Hoboken：John Wiley & Sons, 2003.

[48] BOARI C. Industrial clusters, focal firms, and economic dynamism：A perspective from Italy

[D]. University of Bologna, 2001.

[49] 马士华. 论核心企业对供应链战略伙伴关系形成的影响 [J]. 工业工程与管理, 2000 (1): 24-27.

[50] 李金玉, 阮平南. 核心企业在战略网络演化中的作用研究 [J]. 科技进步与对策, 2010, 27 (12): 86-89.

[51] 贾卫峰, 党兴华. 技术创新网络核心企业知识流耦合控制研究 [J]. 科研管理, 2010, 31 (1): 56-63.

[52] 肖玉明. 基于资源观点的供应链核心企业识别分析 [J]. 科技管理研究, 2015, 35 (6): 202-205.

[53] DYER J H, NOBEOKA K. Creating and managing a high performance knowledge-sharing network: the Toyota case [J]. Strategic Management Journal, 2000, 21 (3): 345-367.

[54] ROGERS E M. Diffusion of innovations [M]. New York: Free Press, 2003.

[55] HANSEN M T. Knowledge networks: explaining effective knowledge sharing in multiunit companies [J]. Organization Science, 2002, 13 (3): 232-248.

[56] ZHANG H, WANG X, CHEN Y. Evolution of network relationships of focal firms in cluster from a perspective of knowledge Transfer [C] //E-Business and E-Government (ICEE), 2010 International Conference, 2010: 4018-4021.

[57] SCHIAVONE F. The strategic and technological determinants of the structural forms of Hi-Tech clusters [J]. International Journal of Technoentrepreneurship, 2008, 1 (3): 296-312.

[58] PITTAWAY L, ROBERTSON M, MUNIR K, et al.. Networking and innovation: a systematic review of the evidence [J]. International Journal of Management Reviews, 2004, 5-6 (3-4): 137-168.

[59] MANTHOU V, VLACHOPOULOU M, FOLINAS D. The supply chain perspective of e-business evolution [C]. Towards the Knowledge Society: E-Commerce, E-Business and E-Government. New York: Springer US, 2002: 229-242.

[60] SENDIL E, DANIEL L. Modularity and innovation in complex systems [J]. Management Science, 2004, 50 (2): 159-173.

[61] 伍燕妩, 陈道珍, 曾德明, 等. 企业技术标准化能力指标设定与测度 [J]. 科技与管理, 2005 (3): 51-53.

[62] 朱翔华. 标准化能力评价研究 [J]. 科技与企业, 2015 (7): 32-33.

[63] 王珊珊, 武建龙, 王宏起. 产业技术标准化能力的结构维度与评价指标研究 [J]. 科学学与科学技术管理, 2013, 34 (6): 112-118.

[64] 曾德明, 伍燕妮, 吴文华. 企业技术标准化能力指标体系构建 [J]. 科技管理研究, 2005 (8): 168-171.

[65] 张果, 郭鹏. 企业技术标准化能力与技术创新能力耦合度测度模型 [J]. 管理现代化, 2015, 35 (6): 40-42.

[66] 元岳. 区域技术标准创制能力评价的因子分析法 [J]. 科技进步与对策, 2010, 27 (17): 132-134.

[67] 刘雪芹, 张贵. 创新生态系统: 创新驱动的本质探源与范式转换 [J]. 科技进步与对策, 2016, 33 (20): 1-6.

[68] 张睿, 钱省三. 区域产业生态系统及其生态特性研究 [J]. 研究与发展管理, 2009, 21 (1): 45-50.

[69] HÅKANSON L. Managing cooperative research and development: partner selection and contract design [J]. R&D Management, 1993, 23 (4): 273-285.

[70] 薛伟贤, 张娟. 高技术企业技术联盟互惠共生的合作伙伴选择研究 [J]. 研究与发展管理, 2010, 22 (1): 82-89, 113.

[71] 张晟义, 刘永俊. 基于共生种群生态的企业群落成长机制研究 [J]. 上海管理科学, 2011, 33 (1): 54-59.

[72] 李万, 常静, 王敏杰, 朱学彦, 等. 创新 3.0 与创新生态系统 [J]. 科学学研究, 2014, 32 (12): 1761-1770.

[73] 梅亮, 陈劲, 刘洋. 创新生态系统: 源起、知识演进和理论框架 [J]. 科学学研究, 2014, 32 (12): 1771-1780.

[74] 刘志峰, 李玉杰. 企业生态位: 生命周期理论视角 [J]. 商业研究, 2009 (1): 103-108.

[75] BAUM J A C, SINGH J V. Organizational niches and the dynamics of organizational founding [J]. Organization Science, 1994, 5 (4): 483-501.

[76] 万伦来. 企业生态位及其评价方法研究 [J]. 中国软科学, 2004 (1): 73-78.

[77] 张光明, 谢寿昌. 生态位概念演变与展望 [J]. 生态学杂志, 1997 (6): 47-52.

[78] 祖述勋, 王晓萍, 刘志峰. 基于企业生态位视角的核心竞争力研究 [J]. 商业时代, 2009 (16): 41-42.

[79] 邢以群, 吴征. 从企业生态位看技术变迁对企业发展的影响 [J]. 科学学研究, 2005 (4): 495-499.

[80] 顾力刚, 蓝莹, 谢莉. 企业生态位视角的商业生态系统稳定性研究 [J]. 工业技术经济, 2016, 35 (5): 148-155.

[81] KATZ M L, SHAPIRO C. Network externalities, competition and compatibility [J]. The Ameri-

can Economic Review, 1985, 75 (3): 424-440.

[82] GRANOVETTER M. Economic action and social structure: the problem of embeddedness [J]. American Journal of Sociology, 1985, 91 (3): 481-510.

[83] 胡磊磊. 网络关系强度与集群创新效率关系模型及实证研究 [J]. 科技进步与对策, 2012, 29 (17): 67-71.

[84] HÅKANSSON H, JOHANSON J. A model of industrial networks in industrial networks: a new view of reality [M]. London: Routledge Press, 1993: 35-52.

[85] 张永安, 李晨光. 创新网络结构对创新资源利用率的影响研究 [J]. 科学学与科学技术管理, 2010, 31 (1): 81-89.

[86] ESLAMI H, EBADI A, SCHIFFAUEROVA A. Effect of collaboration network structure on knowledge creation and technological performance: the case of biotechnology in Canada [J]. Scientometrics, 2013, 97 (1): 99-119.

[87] CHURCH J, GANDAL N. Systems competition, vertical merger, andforeclosure [J]. Journal of Economics & Management Strategy, 2000, 9 (1): 25-51.

[88] KIM J. Product differentiation and network externality: a comment on economides "Network externalities, complementarities, and invitations to enter" [J]. European Journal of Political Economy, 2002, 18 (2): 397-399

[89] 钱春海, 肖英奎. 网络外部性、市场 "锁定" 与标准选择——联通 CDMA 与移动 GPRS 市场竞争的经济学分析 [J]. 中国工业经济, 2003 (3): 14-20.

[90] 李美娟. 网络外部性、接入定价与电信竞争 [J]. 预测, 2012, 31 (3): 76-80.

[91] BARNEY J. Firm resources and sustained competitive advantage [J]. Journal of Management, 1991, 17 (1): 99-120.

[92] WERNERFELT B. A resource-based view of the firm [J]. Strategic Management Journal, 1984, 5 (2): 171-180.

[93] GRANT R M. The resource-based theory of competitive advantage: implications for strategy formulation [J]. Knowledge & Strategy, 1999, 33 (3): 3-23.

[94] AMIT R, SCHOEMAKER P H. Strategic assets and organizational rent [J]. Strategic Management Journal, 1993, 14 (1): 33-46.

[95] GULATI R, NOHRIA N, ZAHEER A. Strategic networks [J]. Strategic Management Journal, 2000, 21 (3): 203-215.

[96] 吴金南, 刘林. 国外企业资源基础理论研究综述 [J]. 安徽工业大学学报 (社会科学版), 2011, 28 (6): 28-31.

[97] TEECE D, PISANO G. The dynamic capabilities of firms：an introduction ［J］. Industrial & Corporate Change, 1994, 3（3）：537-556.

[98] 董俊武, 黄江圳, 陈震红. 基于知识的动态能力演化模型研究 ［J］. 中国工业经济, 2004（2）：77-85.

[99] 徐万里, 钱锡红, 孙海法. 动态能力、微观能动主体与组织能力提升 ［J］. 经济管理, 2009, 31（3）：167-172.

[100] 焦豪. 企业动态能力、环境动态性与绩效关系的实证研究 ［J］. 软科学, 2008（4）：112-117.

[101] 李朝明, 黄利萍. 动态能力、协同知识创新和企业持续竞争力的关系研究 ［J］. 科技进步与对策, 2010, 27（21）：17-21.

[102] 吴金南, 杨亚达. 企业竞争力的动态形成机制：动态能力视角研究 ［J］. 安徽工业大学学报（社会科学版）, 2010, 27（2）：33-35.

[103] 叶林威, 戚昌文. 技术标准战略在企业中的运用 ［J］. 世界标准化与质量管理, 2003（2）：13-15.

[104] World Trade Report：exploring the links between trade ［R］. Geneva：WTO, 2005.

[105] SWANN P, TEMPLE P, SHURMER M. Standards and trade performance：the UK experience ［J］. Economic Journal, 1996, 106（438）：1297-1313.

[106] BLINK K. The impacts of innovations and standards on trade of measurement and testing products：empirical results of Switzerland's bilateral trade flows with Germany, France and the UK ［J］. Information Economics & Policy, 2001, 13（4）：439-460.

[107] 陶忠元, 马烈林. 标准化对我国出口贸易的影响 ［J］. 财经科学, 2012（8）：118-124.

[108] 陶爱萍, 李丽霞. 促进抑或阻碍——技术标准影响国际贸易的理论机制及实证分析 ［J］. 经济理论与经济管理, 2013（12）：91-100.

[109] 张海燕, 孙玉峰, 刘好. 论技术标准对一个国家的效应 ［J］. 中国矿业, 2006（8）：85-87.

[110] JAE-YONG C, TAHIR H, ILLYONG J. International standardization strategies of latecomers：the cases of Korean TPEG, T-DMB, and Binary CDMA ［J］. World Development, 2011, 39（5）：824-838.

[111] 周勤, 龚洁, 赵驰. 怎样实现后发国家在技术标准上超越？——以 WAPI 与 Wi-Fi 之争为例 ［J］. 产业经济研究, 2013（1）：1-11.

[112] 孙晓红. 技术标准自主创新策略选择问题研究 ［J］. 新经济, 2014（Z1）：36-38.

[113] 李靖. 新型产业分工、功能专业化与区域治理——基于京津冀地区的实证研究 ［J］. 中

国软科学，2015（3）：80-92.

[114] 童时中. 模块化原理、设计方法及应用 [M]. 北京：中国标准出版社，2000.

[115] 胡晓鹏. 模块化整合标准化：产业模块化研究 [J]. 中国工业经济，2005（9）：67-74.

[116] 陈继祥. 产业集群与复杂性 [M]. 上海：上海财经大学出版社，2005.

[117] 张元智. 模块化生产下的产业发展内生机理 [J]. 人文杂志，2006（6）：72-77.

[118] 龚艳萍，周亚杰. 技术标准对产业国际竞争力的影响——基于中国电子信息产业的实证
分析 [J]. 国际经贸探索，2008（4）：15-19.

[119] 田静. 产业技术标准形成及战略实施研究 [J]. 经济研究导刊，2015（9）：41-42.

[120] 李纪珍. 数字电视产业技术标准与政府作用比较 [J]. 科学学研究，2003（1）：47-50.

[121] DIN. Economic benefits of standardization：summary of results [R]. Berlin：German Institute
for standardization，2000.

[122] KNUT B，ANDRE J. Trade and the impact of innovations and standards：the case of Germany
and the UK [J]. Applied Economics，2005，37（12）：1358-1398.

[123] 信春华. 高新技术转化为技术标准的动力机制研究 [J]. 科学学与科学技术管理，
2010，31（2）：5-8.

[124] 傅家骥，雷家骕，程源. 技术经济学前沿问题 [M]. 北京：经济科学出版社，2003：
189-197.

[125] 陶爱萍，沙文兵. 技术标准、锁定效应与技术创新 [J]. 科技管理研究，2009，29
（5）：59-61.

[126] JORDAN J. Product standards，innovation and regulation [J]. Technology Analysis & Strategic
Management，1994，6（3）：341-354.

[127] LEE J Y，MANSFIELD E. Intellectual property protection and US foreign direct investment
[J]. Review of Economics and Statistics，1996，78（2）：181-186.

[128] 冯晓青. 企业技术标准与专利战略研究 [J]. 科学管理研究，2007（4）：83-86，112.

[129] 杨武，吴海燕，杨成鹏. 基于"技术—市场—规制"模型的技术标准竞争力综合评价
研究 [J]. 研究与发展管理，2010，22（1）：18-25.

[130] 高艳红，杨建华，杨帆. 技术先进性评估指标体系构建及评估方法研究 [J]. 科技进步
与对策，2013，30（5）：138-142.

[131] 杨辉. 技术标准战略的关键影响因素分析及实证研究 [J]. 印刷质量与标准化，2012
（7）：55-64.

[132] 朱振中，吕廷杰. 兼容性经济学研究的发展 [J]. 中国工业经济，2004（9）：12-19.

[133] DOGANOGLU T，WRIGHT J. Multihoming and compatibility [J]. International Journal of In-

dustrial Organization, 2006, 24 (1): 45-67.

[134] 黄威. 对科技成果成熟度定义及其算式成立的讨论 [J]. 科研管理, 2002 (4): 128-131.

[135] 杨武, 吴海燕. 制造业技术标准竞争力 TMR 三维理论模型研究 [J]. 科技管理研究, 2009, 29 (10): 321-324.

[136] 毕勋磊. 政府干预技术标准竞争的研究述评 [J]. 中国科技论坛, 2011 (2): 10-14, 81.

[137] UTTERBACK J M, FERNANDO F. SUÁREZ. Innovation, competition, and industry structure [J]. Research Policy, 1993, 22 (1): 1-21.

[138] 李再扬, 杨少华. GSM: 技术标准化联盟的成功案例 [J]. 中国工业经济, 2003 (7): 89-95.

[139] 舒辉. 试论标准战略中的三类影响因素 [J]. 科技管理研究, 2008 (4): 201-204.

[140] SUAREZ F F. Battles for technological dominance: An integrative framework [J]. Research Policy, 2004, 33 (2): 271-286.

[141] BELLEFLAMME P. Adoption of network technologies in oligopolies [J]. International Journal of Industrial Organization, 1998, 16 (4): 415-444.

[142] ONLLER J. The company and standardization [S]. Sweden: Swedish standards institution, 1988.

[143] WEISS M H, SPRING M B. Selected intellectual property issues in standardization: A global perspective [M]. USA: IDEA Group Publishing, 2000, 63-79.

[144] 王珊珊, 王宏起, 邓敬斐. 产业联盟技术标准化过程及政府支持策略研究 [J]. 科学学研究, 2012, 30 (3): 380-386.

[145] HANSETH O, BRAA K. Hunting for the Treasure at the End of the Rainbow: Standardizing Corporate IT Infrastructure [C]. //Proceedings of the IFIP TC8 WG8. 2 International Working Conference on New Information Technologies in Organizational Processes, 1999: 121-140.

[146] VRIES H D. Standardization Education [J]. ERIM Report, 2002, (22): 71-92.

[147] KÖLLER J, JARKE M, SCHOOP M. Towards a standardization process for component based architectures [C] //Proceedings of the Ispe International Conference on Concurrent Engineering, 2003: 359-367.

[148] CARGILL C F. A five-segment model for standardization [M]. Cambridge: MIT Press, 1995: 19-99.

[149] SÖDERSTRÖM E. Formulating a general standards life cycle [C] //Advanced Information Systems Engineering, 2004：263-275.

[150] 赵晓庆，许庆瑞. 企业技术能力演化的轨迹 [J]. 科研管理, 2002 (1)：70-76.

[151] 朱岩梅，吴霁虹. 我国创新型中小企业发展的主要障碍及对策研究 [J]. 中国软科学, 2009 (9)：23-31.

[152] GILS A V, ZWART P. Knowledge acquisition and Learning in Dutch and Belgian SMEs：The role of strategic alliances [J]. European Management Journal, 2004, 22 (6)：685-692.

[153] BURGELMAN R A, CHRISTENSEN C M, WHEELWRIGHT S C. Strategic management of technology and innovation [M]. New York：McGraw-Hill, 1996.

[154] 彭灿，杨玲. 技术能力、创新战略与创新绩效的关系研究 [J]. 科研管理, 2009, 30 (2)：26-32, 69.

[155] 何建洪，贺昌政，胡冬云. 技术能力、战略创新导向与创新型企业形成研究 [J]. 科技进步与对策, 2014, 31 (22)：57-62.

[156] LAZER D, FRIEDMAN A. The network structure of exploration and exploitation [J]. Administrative Science Quarterly, 2007, 52 (4)：667-694.

[157] 生延超. 企业技术能力与技术创新方式选择 [J]. 管理科学, 2007 (4)：23-29.

[158] 赵晓庆，许庆瑞. 技术能力积累途径的螺旋运动过程研究 [J]. 科研管理, 2006 (1)：40-46.

[159] 彭纪生，王秀江. 技术学习与企业技术能力链条：知识转化整合的作用 [J]. 科技进步与对策, 2014, 31 (20)：121-125.

[160] 张振刚，郑少贤. 技术能力与产业链整合能力的相互关系研究——以金发科技为例 [J]. 中国科技论坛, 2013 (9)：64-69, 90.

[161] 张笑楠，仲秋雁. 基于技术合作的软件外包企业技术能力成长机理研究 [J]. 中国科技论坛, 2014 (8)：86-91.

[162] HELFAT C E. Evolutionary trajectories in petroleum firm R&D [J]. Management Science, 1994, 40 (12)：1720-1747.

[163] NERKAR A, PARUCHURI S. Evolution of R&D capabilities：the role of knowledge networks within a firm [J]. Management Science, 2005, 51 (5)：771-785.

[164] 方放，王道平，曾德明. 技术标准设定背景下高技术企业 R&D 能力的构成研究 [J]. 财经理论与实践, 2010, 31 (2)：93-98.

[165] 高山行，谢言，王玉玺. 企业 R&D 能力、外部环境不确定性对合作创新模式选择的实证研究 [J]. 科学学研究, 2009, 27 (6)：932-940.

［166］楚天骄，杜德斌，姜涛. 143 家国有工业企业 R&D 能力调查［J］. 中国科技论坛，2008
（3）：63-66.

［167］ROTHWELL R. Successful industrial innovation：critical factors for the 1990s［J］. R&D Management，1992，22（3）：221-240.

［168］COOPER R G. From experience：the invisible success factors in product innovation［J］. Journal of Product Innovation Management，1999，16（2）：115-133.

［169］吴琼. 高技术企业研发能力与项目组心理行为的相关性研究［D］. 武汉：华中科技大学，2003：4.

［170］潘智峰，陈艳云. 论 R&D 能力提升的支撑体系的构建［J］. 科技广场，2007（8）：45-47.

［171］方放，韦小彦，张志东，王道平. 技术标准设定动因下高技术企业外部协作 R&D 网络管理能力研究［J］. 湖南大学学报（社会科学版），2013，27（6）：57-61.

［172］SINGH H. Building firm capabilities through learning：the role of the alliance learning process in alliance capability and firm-level alliance success［J］. Strategic Direction，2008，24（2）：981-1000.

［173］闫立罡，吴贵生. 联盟绩效的影响因素分析［J］. 研究与发展管理，2006（5）：22-28.

［174］SCHREINER M，KALE P，CORSTEN D. What really is alliance management capability and how does it impact alliance outcomes and success?［J］. Strategic Management Journal，2009，30（13）：1395-1419.

［175］饶扬德. 企业可持续成长能力及其提升机理研究［J］. 华东经济管理，2009，23（7）：108-111.

［176］ARTHUR W B. Increasing returns and the new world of business［J］. Harvard Business Review，1999，74（4）：100-109.

［177］COHEN W M，NELSON R R，WALSH J P. Protecting their intellectual assets：appropriability conditions and why why U. S. manufacturing firms patent（or Not）［EB/OL］.［2017-02-12］. http：//www. nber. org/papers/w7552. pdf.

［178］REITZIG M. Improving patent valuations for management purposes——validating new indicators by analyzing application rationales［J］. Research Policy，2004，33（6-7）：939-957.

［179］任声策，宣国良. 专利竞争优势及其识别［J］. 情报科学，2007（2）：284-289.

［180］刘凤朝，潘雄峰，王元地. 企业专利战略理论研究［J］. 商业研究，2005（13）：16-19.

［181］田金涛，孙琨. 专利标准化浅析及企业对策的思考［J］. 知识产权，2015（8）：86-89.

[182] 陶爱萍, 汤成成, 洪结银. 标准锁定效应下企业创新惰性: 影响因素与生成机理 [J]. 科技进步与对策, 2013, 30 (22): 81-85.

[183] 陶爱萍, 张丹丹. 技术标准锁定、创新惰性和技术创新 [J]. 中国科技论坛, 2013 (3): 11-16.

[184] STANGO V. The economics of standards wars [J]. Review of Network Economics, 2004, 3 (1): 1-19.

[185] 张雯婧, 张越. 技术标准产业化和市场化研究——以我国 TD-SCDMA 标准为例 [J]. 管理现代化, 2014, 34 (4): 15-17.

[186] SHAPIRO C, VARIAN H R. The art of standards wars [J]. California Management Review, 1999, 41 (2): 8-32.

[187] ANTUNES R, GONZALEZ V. A production model for construction: a theoretical framework [J]. Buildings, 2015, 5 (1): 209-228.

[188] GRANT R M. Toward a knowledge-based theory of the firm [J]. Strategic Management Journal, 1996, 17 (S2): 109-122.

[189] 柳卸林. 技术轨道和自主创新 [J]. 中国科技论坛, 1997 (2): 32-35.

[190] 熊鸿儒, 王毅, 林敏, 吴贵生. 技术轨道研究: 述评与展望 [J]. 科学学与科学技术管理, 2012, 33 (7): 21-28.

[191] MALERBA F, ORSENIGO L. Technological regimes and firm behaviour [J]. Industrial and Corporate Change, 1993, (2): 45-71.

[192] DOSI G. Technical change and economic theory [M]. London: Pinter Publishers, 1988.

[193] 张燕航. 基于技术轨道视角的技术创新演化机制研究 [J]. 科技进步与对策, 2015, 32 (11): 10-14.

[194] 戴园园, 梅强. 我国高新技术企业技术创新模式选择研究——基于演化博弈的视角 [J]. 科研管理, 2013, 34 (1): 2-10.

[195] 傅家骥. 技术创新学 [M]. 北京: 清华大学出版社, 1998.

[196] LAMBE C J, SPEKMAN R E, HUNT S D. Alliance competence, resources, and alliance success: Conceptualization, measurement, and initial test [J]. Journal of the Academy of Marketing Science, 2002, 30 (2): 141-158.

[197] 常荔, 李顺才, 邹珊刚. 论基于战略联盟的关系资本的形成 [J]. 外国经济与管理, 2002 (7): 29-33.

[198] 张运生. 高科技企业创新生态系统风险产生机理探究 [J]. 科学学研究, 2009, 27 (6): 925-931.

［199］ANSOFF H I. Strategies for diversification ［J］. Harvard Business Review, 1957, 35 （5）: 113-124.

［200］李薇, 邱有梅. 纵向伙伴关系维度的技术标准扩散效应研究 ［J］. 科技进步与对策, 2014, 31 （17）: 20-26.

［201］斯通曼. 技术变革的经济分析 ［M］. 北京技术经济和管理现代化研究会技术经济学组, 译. 北京: 机械工业出版社, 1989: 97-101.

［202］DEEDS D L, DECAROLIS D, COOMBS J. Dynamic capabilities and new product development in high technology ventures: An empirical analysis of new biotechnology firms ［J］. Journal of Business Venturing, 2000, 15 （3）: 211-229.

［203］LUKAS B A, BELL S J. Strategic market position and R&D capability in global manufacturing industries: implications for organizational learning and organizational memory ［J］. Industrial Marketing Management, 2000, 29 （6）: 565-574.

［204］眭平. 企业研发机构技术创新方向选择——以贝尔实验室为例 ［J］. 科技进步与对策, 2012, 29 （24）: 108-111.

［205］张墨, 林艳, 张忠昊. 研发投入、研发产出对技术市场活跃度的影响——基于省级面板数据的实证分析 ［J］. 科技进步与对策, 2015, 32 （20）: 27-31.

［206］江旭, 高山行, 廖貅武. 外部知识获取、新产品开发与企业绩效关系的实证研究 ［J］. 研究与发展管理, 2008 （5）: 72-77.

［207］傅慧, 朱雨薇. 联盟管理能力与联盟绩效: 基于关系资本的视角 ［J］. 软科学, 2012, 26 （6）: 92-95.

［208］DRAULANS J, DEMAN A P, VOLBERDA H W. Building alliance capability: management techniques for superior alliance performance ［J］. Long Range Planning, 2003, 36 （2）: 151-166.

［209］廖成林, 仇明全. 敏捷供应链背景下企业合作关系对企业绩效的影响 ［J］. 南开管理评论, 2007 （1）: 106-110.

［210］马国勇, 石春生. 合作关系、吸收能力对合作风险的作用——基于竞争企业间 R&D 合作的实证研究 ［J］. 预测, 2013, 32 （2）: 36-41, 48.

［211］许淑君, 马士华, 张日新. 供应链企业间的交易成本研究 ［J］. 工业工程与管理, 2001 （6）: 25-27, 31.

［212］杜智涛, 李玲娟. 企业间竞争合作关系演化动因研究 ［J］. 商业研究, 2010 （12）: 33-38.

［213］眭纪刚, 连燕华, 曲婉. 企业的内部基础研究与突破性创新 ［J］. 科学学研究, 2013,

31（1）：141-148.

[214] 文剑英. 基础研究和应用研究划界的社会学分析 [J]. 自然辩证法研究，2007（7）：79-83.

[215] ROSENBERG N. Why do firms do basic research (with their own money)? [J]. Research Policy, 1990, 19 (2): 165-174.

[216] COHEN W M, LEVINTHAL D A. Absorptive capacity: A new perspective on learning and innovation [J]. Administrative Science Quarterly, 1990, 35 (1): 128-152.

[217] 刘正钦. 试论基础、应用和开发研究的关系 [J]. 软科学，1996（4）：16-19.

[218] 郁培丽，樊治平. 面向企业核心能力的核心技术研究与开发 [J]. 科研管理，2003（2）：73-76, 40.

[219] 刘育新. 技术预测的过程与常用方法 [J]. 中国软科学，1998（3）：3-5.

[220] PORTER A L, ASHTON W B, CLAR G, et al.. Technology futures analysis: Toward integration of the field and new methods [J]. Technological Forecasting & Social Change, 2004, 71 (3): 287-303.

[221] 杨省贵. 技术预测分析与技术战略管理 [J]. 科技管理研究，2008（2）：51-53.

[222] YOON B, LEE S. Applicability of patent information in technological forecasting: A sector-specific approach [J]. Journal of Intellectual Property Rights, 2012, 17 (1): 37-45.

[223] COATES V, FAROOQUE M, KLAVANSR, et al.. On the future of technological forecasting [J]. Technological Forecasting & Social Change, 2001, 67 (1): 1-17.

[224] 罗立国，余翔，陈琼娣. 专利信息分析在企业技术创新中的应用——以生物质发电技术为例 [J]. 科技进步与对策，2011, 28（18）：85-89.

[225] 于斌斌，鲍熹懿. 基于研发模式选择的集群企业竞争力研究 [J]. 中国科技论坛，2010（12）：60-64.

[226] 王龙伟，任胜钢，谢恩. 合作研发对企业创新绩效的影响研究——基于治理机制的调节分析 [J]. 科学学研究，2011, 29（5）：785-792.

[227] 徐臻，王理平. 技术溢出对创新模式选择的影响 [J]. 上海管理科学，2005（1）：43-45.

[228] LERNER J, STROJWAS M, TIROLE J. The design of patent pools: the determinants of licensing rules. The RAND Journal of Economics, 2007, 38 (3): 610-625.

[229] 詹映，朱雪忠. 标准和专利战的主角——专利池解析 [J]. 研究与发展管理，2007（1）：92-99.

[230] 岳贤平，顾海英. 国外企业专利许可行为及其机理研究 [J]. 中国软科学，2005（5）：

89-94.

[231] 谢明敦，马捷，孔虹. 专利池优势探析 [J]. 科技管理研究，2012，32（22）：178-181，192.

[232] 吕铁. 论技术标准化与产业标准战略 [J]. 中国工业经济，2005（7）：43-49.

[233] 那英. 技术标准中的必要专利研究 [J]. 知识产权，2010，20（6）：41-45.

[234] 马风才. 运营管理 [M]. 北京：机械工业出版社，2012：26-27.

[235] 赵海城. 析产品生命周期缩短条件下跨国并购的效应 [J]. 现代管理科学，2002（9）：11-12.

[236] 刘湘丽. 工业发达国家的工作设计理论与实践 [J]. 经济管理，2001（4）：30-37.

[237] SONG M, DROGE C, HANVANICH S, et al.. Marketing and technology resource complementarity：an analysis of their interaction effect in two environmental contexts [J]. Strategic Management Journal, 2005, 26（3）：259-276.

[238] DESARBO W S, BENEDETTO C D, SONG M. A heterogeneous resource based view for exploring relationships between firm performance and capabilities [J]. Journal of Modelling in Management, 2007, 2（2）：103-130.

[239] 杨武，吴海燕，杨成鹏. 基于"技术—市场—规制"模型的技术标准竞争力综合评价研究 [J]. 研究与发展管理，2010，22（1）：18-25.

[240] WINTER S G, NELSON R R. An evolutionary theory of economic change [M]. Cambridge, MA：Belknap Press of Harvard University Press, 1982：258-259.

[241] 杜静，魏江. 知识存量的增长机理分析 [J]. 科学学与科学技术管理，2004（1）：24-27.

[242] 胡婉丽，汤书昆. 基于研发过程的知识创造和知识转移 [J]. 科学学与科学技术管理，2004（1）：20-23.

[243] 李保红，吕廷杰. 从产品生命周期理论到标准的生命周期理论 [J]. 世界标准化与质量管理，2005（9）：12-14.

[244] WOROCH G A, WARREN-BOULTON F R, BASEMAN K C. Exclusionary behavior in the market for operating system software：the case of Microsoft [J]. Opening Networks to Competition, 1998（27）：221-238.

[245] 冯永琴，张米尔，纪勇. 技术标准演进中的创立者专利声明行为研究 [J]. 系统管理学报，2013，22（2）：269-273，277.

[246] 胡学刚. 高技术企业的界定 [J]. 安徽农业大学学报（社会科学版），2000（4）：27-29.

[247] 王凯. 新形势下加强企业内部管理的创新策略 [J]. 赤峰学院学报（自然科学版），2015, 31 (5)：105-106.

[248] ASHMOS D P, DUCHON D, HAUGE F E, et al.. The nature of internal complexity in unusual organizations: a study of environmentally sensitive and insenesitive hospitals [C]. Academy of Management Best Papers Proceedings, 1996: 111-115.

[249] 张铁男, 张亚娟, 韩兵. 战略复杂性与复杂性战略 [J]. 中国科技论坛, 2009 (11)：94-99.

[250] 李刚. 企业组织结构创新的机理与方法研究 [D]. 武汉：武汉理工大学, 2007：35-36.

[251] DESARBO W S. Revisiting the miles and snow strategic framework: uncovering [J]. Strategic Management Journal, 2005, 26 (1)：47-74.

[252] 李瑞琴. 跨国公司战略技术联盟稳定性的博弈分析 [J]. 财经研究, 2005 (4)：103-111.

[253] 叶江峰, 任浩, 郝斌. 企业间知识异质性、联盟管理能力与创新绩效关系研究 [J]. 预测, 2015, 34 (6)：14-20.

[254] 刘福贵. 谈铁路装备制造企业技术标准知识管理工作 [J]. 铁道技术监督, 2015, 43 (10)：11-14.

[255] 陈力, 鲁若愚. 企业知识整合研究 [J]. 科研管理, 2003 (3)：32-38.

[256] 孙琳, 盛小平. 基于知识吸收的企业核心竞争力建设——以上海大众汽车公司为例 [J]. 图书情报工作, 2007 (7)：22-24, 78.

[257] DEEDS D L. The role of R&D intensity, technical development and absorptive capacity in creating entrepreneurial wealth in high technology start-ups [J]. Journal of Engineering & Technology Management, 2001, 18 (1)：29-47.

[258] BOSCH F D, VOLBERDA H W, BOER M D. Co-evolution of firm absorptive capacity and knowledge environment: organizational forms and combinative capabilities [J]. Organization Science, 1999, 10 (5)：551-568.

[259] INKPEN A C, DINUR A. Knowledge management processes and international joint ventures [J]. Organization Science, 1998, 9 (4)：454-468.

[260] 杨东奇, 张春宁, 徐影, 朱建新. 企业研发联盟伙伴选择影响因素及其对联盟绩效的作用分析 [J]. 中国科技论坛, 2012 (5)：116-122.

[261] 黄旭, 程林林. 西方资源基础理论评析 [J]. 财经科学, 2005 (3)：94-99.

[262] GOERZEN A, BEAMISH P W. The effect of alliance network diversity on multinational enterprise performance [J]. Strategic Management Journal, 2005, 26 (4)：333-354.

［263］华连连，张悟移. 知识流动及相关概念辨析［J］. 情报杂志，2010，29（10）：112-117.

［264］王月平. 战略联盟的知识流动循环模型研究［J］. 科技管理研究，2010，30（2）：157-159.

［265］岳贤平，李廉水，顾海英. 专利交叉许可的微观机理研究［J］. 情报理论与实践，2007（3）：306-310.

［266］孙耀吾，曾德明，贺石中. 技术标准化中的基本知识产权：作用机理与政策含义——基于 GSM 案例的研究［J］. 科学学与科学技术管理，2007（3）：25-30.

［267］CANIËLS M J, VERSPAGEN B. Barriers to knowledge spillovers and regional convergence in an evolutionary model［J］. Journal of Evolutionary Economics，2001，11（3）：307-329.

［268］CYERT R M, GOODMAN P S. Creating effective University-industry alliances：an organizational learning perspective［J］. Organizational Dynamics，1997，25（4）：45-57.

［269］MOWERY D C. Collaborative R&D：how effective is it?［J］. Issues in Science & Technology，1998，15（1）：37-44.

［270］许庆瑞，徐静. 嵌入知识共享平台 提升组织创新能力［J］. 科学管理研究，2004（1）：13-15，19.

［271］MYERS S C. Determinants of corporate borrowing［J］. Journal of Financial Economics，1977，5（2）：147-175.

［272］COPELAND T E, ANTIKAROV V. Real options：a practitioner's guide［M］. NewYork：Texere Publishing，2001.

［273］DIXIT A K, PINDYCK R S. Investment under uncertainty［M］. Princeton：Princeton University Press，1994.

［274］SHARPE W F. Capital asset prices：a theory of market equilibrium under conditions of risk［J］. The Journal of Finance，1964，19（3）：425-442.

［275］MORGAN B W. Relationship capital and the theory of the firm［J］. International Advances in Economic Research，1996，2（2）：197-197.

［276］居延安. 关系管理：从美利坚走回中国的报告［M］. 上海：上海人民出版社，2003.

［277］刘海建. 基于中国情境的"关系"研究：一个整合分析［J］. 南京师大学报（社会科学版），2014（3）：53-64.

［278］PENG M W, LUO Y D. Managerial ties and firm performance in a transition economy：The nature of micro-macro link.［J］. Academy of Management Journal，2000，43（3）：486-501.

［279］杜俊枢，郭毅. 商业关系、政治关系与技术创新绩效——资源获取的中介效应［J］. 科技进步与对策，2015，32（13）：59-63.

［280］段云，国瑶. 政治关系、货币政策与债务结构研究［J］. 南开管理评论，2012，15
（5）：84-94.

［281］LI J J, ZHOU K Z. How foreign firms achieve competitive advantage in the Chinese emerging e-
conomy: managerial ties and market orientation［J］. Journal of Business Research，2010，63
（8）：856-862.

［282］CHEN XY, WU J. Do different guanxi types affect capability building differently? a
contingency view［J］. Industrial Marketing Management，2011，40（4）：581-592.

［283］LUO Y. A coopetition perspective of global competition［J］. Journal of World Business，
2007，42（2）：129-144.

［284］肖远飞. 网络嵌入、关系资源与知识获取机制［J］. 情报杂志，2012，31（3）：
124-131.

［285］曾伏娥，严萍.“新竞争”环境下企业关系能力的决定与影响：组织间合作战略视角
［J］. 中国工业经济，2010（11）：87-97.

［286］胡珑瑛，崔岚. 基于机会主义防范的技术创新联盟稳定性研究［J］. 科技进步与对策，
2012，29（20）：27-31.

［287］郑志雯. 高校内部科研组织发展现状及创新对策浅析［J］. 科技进步与对策，2006
（6）：169-171.

［288］刘小玲. 科研组织运行的分析框架［J］. 科学学研究，2008（3）：563-568.

［289］赵克. 论科研组织与企业整合的边界［J］. 科学学研究，2004（6）：624-629.

［290］霍国庆，董帅，肖建华，谢晔. 科研组织的核心竞争力体系研究［J］. 科技进步与对
策，2011，28（1）：15-19.

［291］李华. 经济型中介组织存在的价值分析［J］. 西北大学学报（哲学社会科学版），2009，
39（4）：99-102.

［292］BIGLAISER G. Middlemen as Experts［J］. RAND Journal of Economics，1993，24（2）：
212-223.

［293］杨代贵. 论行政组织对行政效能的影响［J］. 江西社会科学，2003（1）：188-190.

［294］TASSEY G. The Economics of R&D Policy［M］. Westport: Quorum Books，1997.

［295］TUSHMAN M L, ANDERSON P C, O'REILLY C A. Technology cycles, innovation streams,
and ambidextrous organizations: organization renewal through innovation streams and strategic
change［M］//Managing Strategic Innovation and Change. New York: Oxford University
Press. 1997：3-23.

［296］李纲. Shapley 值在知识联盟利益分配中的应用［J］. 情报杂志，2010，29（2）：

115-117.

[297] 邓乐元，成良斌. 技术创新取向的政府采购 [J]. 中国科技论坛，2003 (3)：43-46.

[298] 袁健红，刘晶晶. 企业特征对专利申请决策影响的实证分析 [J]. 科学学研究，2014，32 (11)：1652-1660.

[299] ANDERSON J C, RUNGTUSANATHAM M, SCHROEDER R G. A theory of quality management underlying the Deming management method [J]. Academy of Management Review, 1994, 19 (3): 472-509.

[300] WILLIAMSON O The economic institutions of capitalism: Firms, markets, relational contracting [M]. China Social Sciences Pub. House, 1999.

[301] MYSEN T, SVENSSON G, PAYAN J M. The key role of opportunism in business relationships [J]. Marketing Intelligence & Planning, 2011, 29 (4): 436-449.

[302] OLSON M. The logic of collective action: public goods and the theory of groups [M]. Cambridge: Harvard University Press, 1965: 22-28.

[303] 于江，尹建华. 企业间网络中敲竹杠行为机理及对策研究 [J]. 管理科学，2009，22 (4)：50-55.

[304] 胡健，李向阳. 基于模糊动作关联规则挖掘的合作企业间关系价值 [J]. 系统管理学报，2010，19 (2)：234-240.

[305] 汪全胜. 制度资源的优化配置探讨 [J]. 生产力研究，2004 (12)：12-14，244.

[306] 蒯正明. 执政党制度资源：特征、矛盾与开发的基本要求 [J]. 理论导刊，2011 (3)：68-71.

[307] 苗锡哲，程浩. 市场资源定义及价值分析 [J]. 管理观察，2009 (10)：249-250.

[308] 谢芳. 案例研究方法 [J]. 北京石油管理干部学院学报，2009，16 (3)：25-30.

[309] 余菁. 案例研究与案例研究方法 [J]. 经济管理，2004 (20)：24-29.

[310] 罗伯特·K. 殷. 案例研究：设计与方法 [M]. 周海涛，李永贤，李虔，译. 重庆：重庆大学出版社，2010：25-31，37.

[311] HAUPT R, KLOYER M, LANGE M. Patent indicators for the technology life cycle development [J]. Research Policy, 2007, 36 (3): 387-398.

[312] 罗家德. 社会网分析讲义 [M]. 北京：社会科学文献出版社，2010.

[313] BURT R S, MINOR M J. Applied network analysis [M]. Newbury Park, CA: Sage Publications, 1983: 195-222.

[314] 林聚任. 社会网络分析：理论、方法与应用 [M]. 北京：北京师范大学出版社，2009：1-15.

［315］姜红德. 解析第十二次《中国互联网络发展状况统计报告》［J］. 新经济导刊，2003 （16）：36-39.

［316］佚名. 闪联标准组织运营机制［J］. 商务周刊，2004（17）：65.

［317］于雷，王宏雨. 闪联技术企业专利分析［J］. 电视技术，2014，38（Z2）：336，353.

［318］罗予晋. IGRS（闪联）概述［J］. 信息技术与标准化，2006（3）：42-46.

［319］闪联信息技术工程中心有限公司. 闪联标准技术创新与知识产权策略［J］. 中国标准 化，2007（3）：4-7.

# | 后 记

本书是在我的博士论文的基础上修改完成的，出版之际，回首过去的时光，心中充满感激，感谢在学习路上给予我帮助和鼓励的人们。

首先要感谢我的导师王道平教授。王老师深厚的知识积累、严谨的治学态度与和蔼可亲的风格，深深地感染了我。从最初的研究方向选择、小论文撰写，到后来的毕业论文框架制定，直至最后的毕业论文完成，都离不开老师的精心指导。每当我在学术上产生困惑或遇到困难时，王老师总是在最短时间内给我细致的指导，让我能快速解决问题，不断向前进步；而当我出现错误时，王老师总是耐心中肯地指出我的错误，并认真指导我改正，使我得到不断成长。除了在校的学习指导外，王老师还鼓励与支持我参加各种学术会议。会议期间通过与不同专家学者的交流，大大扩展了我的学术视野，为我学术研究的深入打下了坚实的基础。此外，王老师还教会了我许多为人处世的道理，让我从最初的不自信到今天的落落大方。王老师学习上的细致严谨、生活中的谆谆教导，让我时刻铭记于心！在此，我想衷心地向王老师说："谢谢您，辛苦了！"

我也要感谢湖南大学工商管理学院讲授专业课程的老师们，你们的讲授，让我掌握了更多的专业知识，为我今后的学习工作提供了帮助；感谢学院辛苦的教职工，你们的辛勤付出，为我们专心学习提供了最有力的支持。

我还要诚挚地感谢曾德明老师、孙耀吾老师、吴慧老师和方放老师在我论文写作过程中给予的专业指导与帮助，感谢研究生导师张运生老师的鼓励与支持。感谢团队中的邹思明、张志东、戴海闻、徐露允、李立波、龚小叶、翟翌、陈云及其他的师兄弟姐妹们，在学习方面，大家一起学习、一起研究，相互间的交流讨论，让我受益良多；同时，也正是因为你们，我的整个学习生活充满了色彩。感谢班级中的同学，你们以自己的专业知识、从不同的角度给我指点，为我论文的顺利完成提供了帮助。

最后，我还要特别地感谢我的家人，为了让我顺利完成学业，你们付出了许多。感谢我的父亲、母亲，你们物质上的支持与精神上的鼓励，使我能够安心学习；感谢我的兄弟姐妹，你们的鼓励，给了我战胜困难的勇气，你们都是我不断前行的动力。

韦小彦

2020 年 12 月